重建香港

港島地標的消失與誕生

鄭寶鴻 著

商務印書館

責任編輯：林雪伶
裝幀設計：涂　慧
排　　版：肖　霞
印　　務：龍寶祺

重建香港——港島地標的消失與誕生

作　　者：鄭寶鴻
出　　版：商務印書館（香港）有限公司
香港筲箕灣耀興道 3 號東滙廣場 8 樓
http://www.commercialpress.com.hk
發　　行：香港聯合書刊物流有限公司
香港新界荃灣德士古道 220-248 號荃灣工業中心 16 樓
印　　刷：嘉昱有限公司
香港九龍新蒲崗大有街 26-28 號天虹大廈 7 字樓
版　　次：2023 年 7 月第 1 版第 1 次印刷

ISBN 978 962 07 5948 2
Printed in Hong Kong

城 市 的 故 事

香港從開埠以來，以複雜多樣的土地利用，創造出活力無比的城市。

目錄

Chapter 1　商業金融

Chapter 2　生活娛樂

Chapter 3　交通基建

Chapter 4　民生居住

前言

香港城區因應發展需要，歷經無數次填海、拆遷、舊區重建，舊地標消失，新地標誕生，城市風貌不斷改變。和平後的 1950 年代，中環區多幢舊大樓改建為新廈，顯著的有歷山大廈、怡和大廈、公爵行、渣打銀行，以及干諾道中的中總大廈等。稍後，中環街市周遭的中式舊樓宇，亦陸續拆卸改建為新廈，多家酒家、茶樓、燒臘舖及各式各樣的老店亦因而消失。歷史悠久的第四代中環街市，亦於 2021 年變身為一消閒、飲食及觀光場所。

這一帶的登山扶梯自 1993 年落成後，為市民及遊客提供了莫大的便利。

中上環區

1966 年，當局提出中上環區的市區重建計劃，區內大部份舊樓，包括上環街市皆被重建。到了 2006 年，中環嘉咸街、閣麟街及結志街等，以及半山的士丹頓街和永利街等的唐樓市集區，亦進行大規模的重建，雜亂的市集亦變為井然有序。

中環有十多條早期為私家街，尤以華商為主的橫街，二十世紀初以經營貨倉、五金機械、船上用品、布匹、洋貨、化妝品、藥品、工業原料，以及一條專營蛋類，被稱為鴨蛋街的永勝街等，1992 年大部份被拆卸重建為新廈及廣場。

上環區的文咸東、西街，以及永樂東、西街等，早期開設了大量華人金銀號、銀行，以及米業和藥材巨擘的「南北行」商號，比鄰亦有一條以經營呢絨綢緞店為主的蘇杭街。現時，南北行區的店舖是以經營海味為主。

1966 年 7 月開始的市區重建計劃於 1975 年全面開展，因拆樓而導致多家茶樓酒家的消失，華人休憩場所的大笪地亦重建為荷李活道公園。同時，區內的多家大小百貨公司、洋雜店亦因重建而改建新廈或結業，包括中央、高陞及恒星（新世界）戲院亦結束。爾後，中西區的夜市趨於平靜。

中、上環的荷李活道、士丹頓街、伊利近街等，為普羅市民住所的唐樓區。而堅道及對上的羅便臣道迄至干德道一帶則為高尚住宅區，兩區的街道上皆開設有多間學校及學塾，多間書局在鴨巴甸街以東的一段荷李活道兩旁開設，到了 1980 年代，大部份學校、學塾他遷或結束，書局亦隨而消失。這區的盛事為農曆七月的盂蘭醮會超幽施孤。

文武廟及廟前的荷李活道及廣場，為悠久的地標及坊眾休閒地點，其東端為《華僑日報》社址。文武廟廣場的下端是俗稱「竹樹坡」的弓絃巷，與皇后大道中的交界處有一落成於1931年，設有電梯及餐廳的中央戲院。

弓絃巷是連接樓梯街，以及被稱為「百步梯」的歌賦街石級坡道尾段。弓弦巷兩旁有紙盒舖、電鍍舖、磨藥粉店及首飾舖，但以收購舊金銀首飾的「落爐舖」為最多。時至今日，包括部份弓絃巷、荷李活道及皇后大道中的地段，已被發展為住宅屋苑荷李活華庭。

早期的樓梯街以及其連接的摩羅上街，有多家古玩、雜架（古物）、眼鏡、裱畫及唱片店舖和攤檔，摩羅下街則以鞋類及革履原料用品的店舖為主，有一間位於與西街交界的永昌燈籠店。1970年代，不少古玩店遷往荷李活道。

文武廟以西的荷李活道及兩旁的東街及西街，為華人的住宅區。1970年代，為配合市區重建，部份為十九世紀舊樓的多幢唐樓被清拆，將大部份西街及摩羅下街，改闢為可以行車的樂古道。

港島西區

1951年，崇基學院在上環堅道及鐵崗（已連拿利）開課。1963年，崇基連同新亞書院和聯合書院，合組為香港中文大學。崇基學院以西的堅道及般咸道上，有不少是與香港大學有關的建築。而附近的西營盤，亦有一系列早期國家（公立）醫院的建築物和公園。當中以供通往國家醫院的「雀仔橋」（皇后大道西旁的堤道）為西營盤的地標，其斜對面為著名的高陞戲院。迄至1970年代初，這一帶為消閒、娛樂和飲食中心。

西營盤德輔道西有多家鹹魚海味舖，被稱為「鹹魚欄」，現時已變身為以鮑參翅肚為主的「海味街」。過了鹹魚欄，七號警署以西的地段迄至堅尼地城，有多座工廠和貨倉，1950年代起，逐漸被改建為商住大廈。

中環金鐘一帶

部份落成於1950年代的大廈，如歷山、怡和及廣東銀行等，於1970年代起再度重建，最

約 1960 年中環街道詳圖　圖中統一碼頭及新卜公碼頭（統一碼頭右方的雙層公眾碼頭），於 1990 年代因配合新機場及道路的興建而被取代。中環海岸線經歷重大變化，二千前後新海傍上矗立國際金融中心及四季酒店等新大廈。

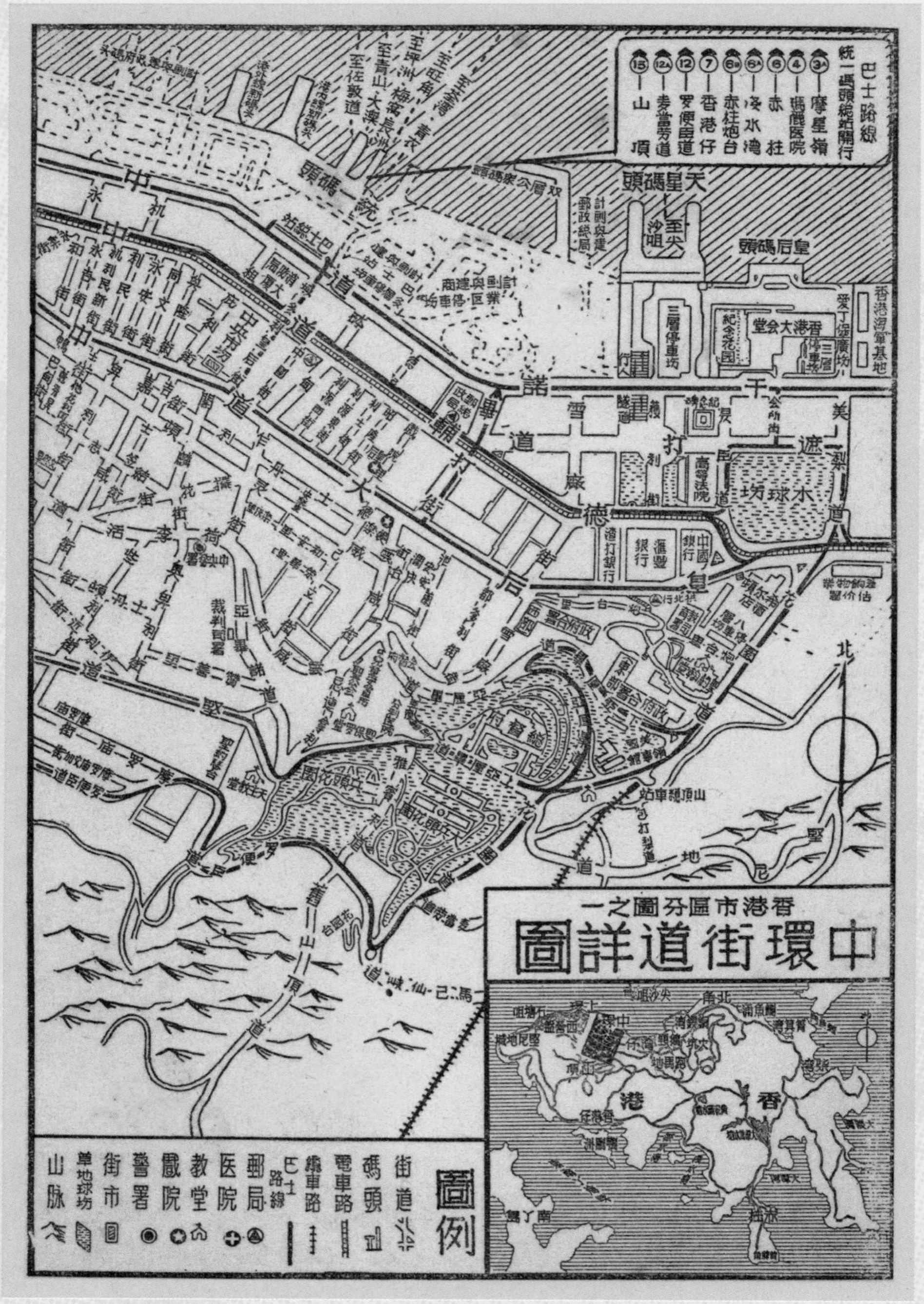

觸目的是拆卸告羅士打行及公爵行等以建置地廣場。同時，在中環填海地段上，包括由康樂大廈易名的怡和大廈及交易廣場，依次落成，中環海傍面目一新。

1990 年代，因配合新機場及道路的興建，海傍面目再歷重大變化，多座新碼頭取代包括統一及卜公等的舊碼頭，新海傍上矗立國際金融中心及四季酒店等新大廈。

1968 年易名為金鐘道的一段皇后大道東，兩旁原為海軍船塢及軍營，1960 年代開闢夏慤道，夏慤道兩旁曾舉辦多屆工展會。部份地段現為政府總部和立法會的大樓所在，西鄰為解放軍駐香港部隊大廈。軍營地段部份闢作公園、酒店和商廈。中心點金鐘站一帶，由過往充滿陰森氣氛的「死亡彎角」，轉變為重要的交通交匯點。

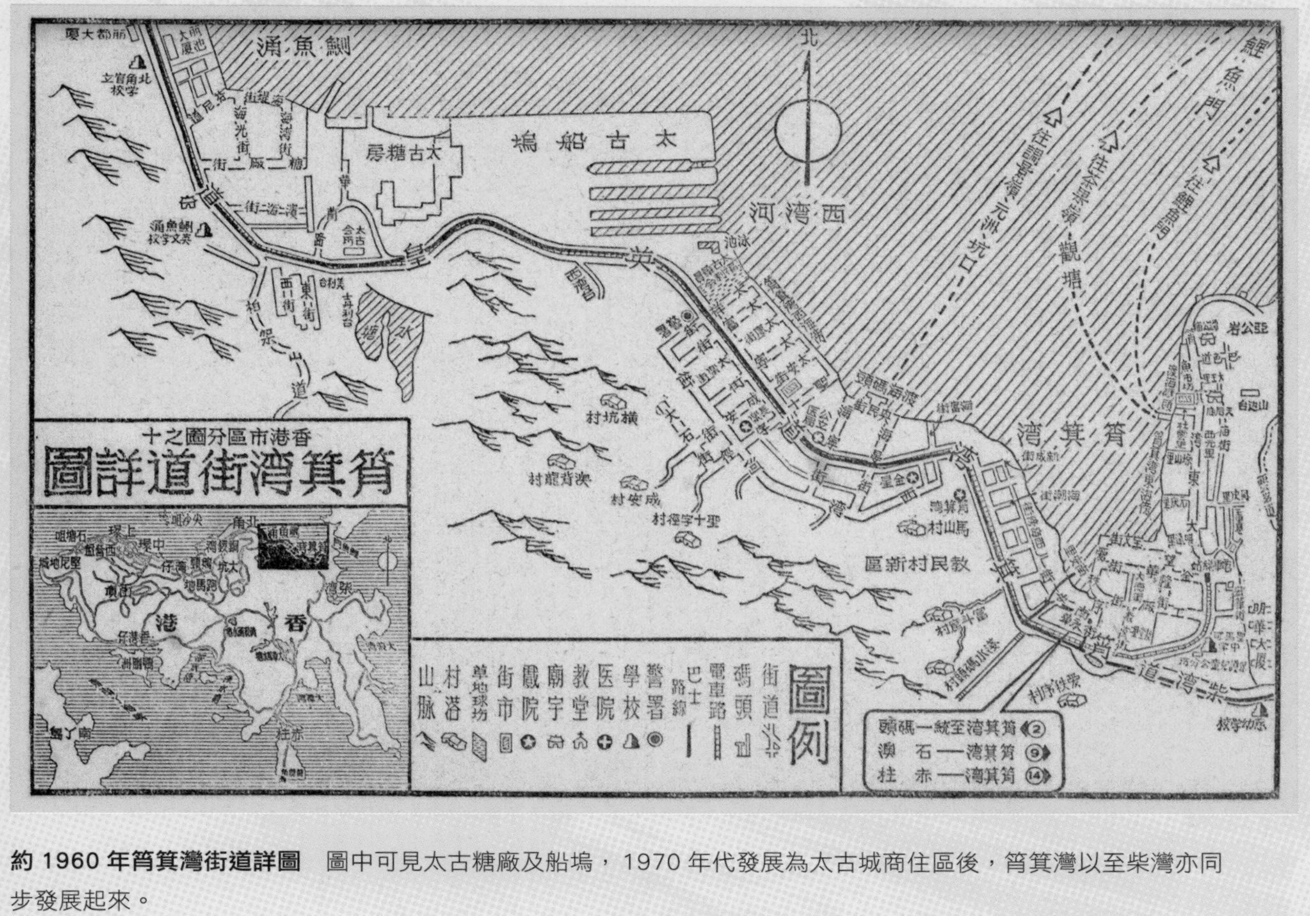

約 1960 年筲箕灣街道詳圖 圖中可見太古糖廠及船塢，1970 年代發展為太古城商住區後，筲箕灣以至柴灣亦同步發展起來。

灣仔銅鑼灣一帶

灣仔區不同時期的地標，有六國飯店（酒店）、分域碼頭、修頓球場、和昌大押、藍屋以至鵝頸橋「打小人」的熱點等。

早期灣仔的特色為，千多幢位於莊士敦道與告士打道間的整齊劃一、四層高的石屎（三合土）唐樓。2020 年前後，莊士敦道一表行所在的最後的一幢也被拆掉重建。海底隧道於 1972 年通車加上會展中心的落成，灣仔的重要性與中環相比，不遑多讓。

銅鑼灣的利園山於 1951 年起被夷平。一年後，其對面渣甸貨倉等地段發展為商業和住宅區，催生了銅鑼灣的繁華，旋即取代「小上海」的北角。早期的顯著地標為大丸百貨公司，現時則為崇光。馬場所在的跑馬地，四周為高尚住宅、名校、名店、醫院和墳場，交通便捷，予人有自成一角、世外桃源的感覺，每逢賽馬日，湧現大量人潮。這區的熱點為由電車廠改建，於 1994 年落成的時代廣場。

港島東區

天后、北角、鰂魚涌、筲箕灣迄至柴灣的東區，早期只為供玩樂及游泳的區域，發展緩慢。直到 1936 年英皇道闢成，加上和平後的多區填海，道路交通改善，才日趨繁盛。

1950 年代，大量公私營房屋在這一帶落成，多家娛樂場所及食肆開張，以迎合大量南來的內地人士，尤其是北角的興旺，足可媲美現時的銅鑼灣。

麗池泳場及夜總會以東的太古糖廠及船塢，多年來為北角與筲箕灣區的分隔點，尤以夜間更感荒僻。1970 年代，糖廠與船塢發展為商住區後，人流麇集，由分隔點變為車水馬龍的交匯點，亦將原來被名為「餓人灣」的筲箕灣以至柴灣「帶挈」成為旺區。

原名「西灣」的柴灣，早期為鄉村及墓葬區。1952 年，香港最早之徙置區平安村及興華村在此落成。1960 年代，柴灣之寮屋區為市區危樓居民輪候入住公屋的「中轉地」。現時柴灣亦為一工商及住宅樓宇林立的旺區。

南區

一直被視為郊區的南區，市民多前往的只有食海鮮的香港仔，以及泳灘的淺水灣，直到六十年代，仍被視為郊遊區。自 1967 年起，公私營房屋如漁光邨、華富邨、置富花園、香港仔中心及海怡半島等依次落成後，加上鴨脷洲大橋、跑馬地隧道及南區地下鐵路先後通車，交通網變得完善，南區的面貌，徹底改變。

廣興洋服
KWONG HING TAILOR
大吉毛氈
公司
新華洋服
明記文具行

商業金融

Chapter 1

1

商業金融

中環街市及半山區

1982 年中環海傍

中區的舊樓重建熱潮，始於 1950 年代，最顯著的是拆卸原德忌士船公司之樓宇而改建，落成於 1955 年的中華總商會大廈。緊接的是由數十幢舊唐樓改建，設有香港首批扶手電梯，落成於 1967 年的第一代萬宜大廈。

同時，若干座位於畢打街及以東金融區內，由舊建築物拆卸重建的高樓，包括怡和（現會德豐大廈所在）、德成、中建、亞力山打行（歷山大廈）、中建大廈及亞細亞行（中滙大廈）及大夏行，紛紛落成。

令致中上環心臟地帶面目一新的，還有由 1951 年起，拆卸多座大小碼頭而進行，包括愛丁堡廣場等所在的中上環多次填海，新填地上更闢有「平民夜總會」的上環普羅大眾的飲食、娛樂及消費場地，1962 年，新大會堂在愛丁堡廣場落成。

1950 至 1960 年代，中環的顯著地標式建築為統一碼頭、消防局大廈及中環街市。街市兩旁之「辦館街」之域多利皇后街以及租庇利街的舊樓，於 1960 年代起陸續拆卸改建為包括現時三聯書店等所在的樓宇。

落成於 1926 年，位於街市前的消防局大廈，於 1991 年被改建為恒生銀行新總行大廈。而街市則於 2007 年決定保留，這座落成於 1939 年的現代化建築，經過裝修和重整，於 2021 年建成為市民的遊覽、消閒、文化活動、飲食和購物的場所。

早期，環繞中環街市的周遭曾有多家包括高陞、蓮香和第一茶樓，金城和敘香園酒家，以及金菊園、廣洲、楚記及永安等燒臘店。1992 年，位於閣麟街西邊包括三陽南貨及華豐燒臘等的數以十幢計舊樓夷平，以建扶梯。而中環街市亦同時進行大規模重整，以配合扶梯和開闢一行人購物廊。這方便半山居民及登山遊客的扶梯於 1993 年落成。

約1970年的中環

圖中左方為 1963 年開展填海所獲得的新填地段，正中為落成於 1926 年的消防局大廈，所在現為恒生銀行，其左鄰的原恒生銀行大廈現為盈置大廈。右方的統一碼頭旁泊有一艘第一代載客車渡輪「民讓」號，所在現為中環機鐵站及四季酒店。

1982年的中環海傍

右方統一碼頭與康樂大廈（現怡和大廈）間之新填海地段，即將興建交易廣場，並於 1986 年落成。中右方的太古大廈及左方的富麗華酒店、和記大廈、水星大廈及第二代卜公碼頭等，已被拆卸重新發展。

1981年的統一碼頭前廣場

消防局大廈
現為恒生銀行大廈

新填海的「地王」，
現為交易廣場

1981 年，在統一碼頭前的廣場，可見於一年前落成的行人天橋，左方新填海的「地王」即將興建交易廣場，右方的消防局大廈於同年拆卸，1991 年建成新恒生銀行大廈。（圖片由何其鋭先生提供）

1981年由永和街西望干諾道中

左方的第一代李寶椿大廈於 1990 年代中重建。其左鄰是由大新公司改建的大新行，右鄰為大約落成於 1905 年、位於與林士街交界的海事處大樓，其瞭望塔的頂端長期以來是颶風訊號（風球）懸掛處，約 1970 年改懸於右方的停車場天台。海事處大樓連同其背後的恒星戲院於 1970 年代末拆卸，1990 年代初建成現時的地鐵站及無限極廣場。（圖片由何其銳先生提供）

李寶椿大廈

海事處大樓
現為無限極廣場

1980年的租庇利街

1980 年由干諾道中望租庇利街的消防局大廈及中環街市，左方可見行人天橋的出入口。

中環街市

1989 年德輔道中與租庇利街交界的「中央市場」，直至 1993 年才恢復「中環街市」的原名。

1992年德輔道中

1992 年由興隆街東望德輔道中，左中部的恒生銀行正在築建兩條接駁中環街市及半山扶梯的天橋。

1992年改建中的中環街市

1992 年為配合中環半山扶手電梯的興建，而進行局部改建的中環街市。

1992年改建中的中環街市

1992 年改建中的中環街市另一景象，左方為域多利皇后街。

1989年由中環街市上望閣麟街

大華國貨公司
現為 QRC100

現為半山扶手電梯

左方的大華國貨公司稍後易名為華潤百貨，並於 2006 年改建 QRC100。三陽南貨號和華豐燒臘的店舖所在連同背後整條閣麟街的一列樓宇，亦於 1992 年被拆卸以建半山扶手電梯。

1992年興建中的半山扶手電梯

前方為原三陽南貨及華豐燒臘原址地盤，左方的大華國貨正改建為華潤百貨。

1992年興建中的半山扶梯

1992 年域多利后街的中環街市，以及在閣麟街興建中的半山扶梯。

1999年的中環街市及扶梯天橋

1999 年的中環街市及扶梯天橋，貨車停泊處設於圖中右方域多利皇后街。

2001年的半山扶梯入口

2001 年皇后大道中的華潤百貨，以及半山扶梯初期的出入口。此出入口於 2006 年移入由華潤百改建落成之 QRC100 之新大廈內。

2009年的購物廊

2009 年位於中環街市內之登山扶梯通道購物廊。

2

商業金融

中環
重建地段

1968 年鴨巴甸街

中環街市於 1842 年落成之前，其前面介乎皇后大道中與士丹利街之間，曾有一「廣州市場」，市場於一年後遷往現金鐘道約高等法院所在。廣州市場及附近地段，開埠初期為華人居住的「上市場」。

上市場兩旁佈有包括閣麟街、吉士笠街、嘉咸街及卑利街等數條登山街道，連同橫亘的士丹利街、威靈頓街和結志街等，由二十世紀初起，雲集多間食肆和食物店舖，街上市開有大量果菜及魚肉販攤，形成一個較中環街市更為繁忙的市集。由戰前起，半山及荷李活道一帶的居民多喜在這一帶的米舖、肉食公司及攤檔購買餸菜和食材，因路程較往中環街市為短。到了中秋及農曆新年等的「大時大節」，才前往被稱為「大街市」的中環街市採購。直到 1960 年代，中環街市仍維持於年初一午夜以至凌晨開市，以方便準備年初二「開年飯」的主婦和「伙頭將軍」（廚師）。和平後迄至 1990 年代，嘉咸街及結志街一帶的中環市集更為繁盛，衛生條件受到關注。

這一帶亦有多間包括蛇王芬等的知名食肆以及蘭芳園等大牌檔，部份仍在經營。

1950 年代，市集的盛事為農曆七月初六乞巧節拜仙會，賣菜姑娘集資慶祝，在結志街與嘉咸街交界懸掛一巨大「七姐梳妝盆」，聘請女伶在街角演唱粵曲以娛坊眾。

1966 年 7 月，政府着手在中、上環區實施「清除貧民窟」的市區重建計劃。早於一、兩年前，部份位於上環樓梯街、弓絃巷、摩羅上、下街，以至荷李活道的地段買賣，已被凍結。

2006 年，當局用「老店街」作為主題，在這區域進行重建，計劃名稱為「H18」。重建區域內威靈頓街 120 號之永和雜貨店，以及嘉咸街 26 至 30 號，曾有兩家製麵廠有記及樹記的舊樓則予以保留。區內結志街的其它老店的成裕泰雜貨及勤記粉麵廠則早已遷往新址營業。現時最老資格的是於戰後開業、位於結志街的浩棧地產代理行。

經過十多年的拆卸及重建，有一座住宅大廈落成，另有兩座商住樓宇在興建中，而整個市集由以往的雜亂無章演變為現時的井然有序。

1959年由擺花街下望閣麟街

正中可見亦提供「印字泥」（複印服務）的莫民心醫館。兩邊的樓宇曾經歷六十年代及九十年代的拆卸及重建，包括建造半山扶梯，惟右邊位於三十六號義和隆米行分銷處的一座唐樓，現仍存在。

2005年由閣麟街望結志街

左方為開業於 1952 年的蘭芳園大牌檔。右方圖外的包括 ABC 餅屋、龍記燒臘及新景記魚蛋粉等名店多幢，連同嘉咸街及卑利街的樓宇，於拍照後一年列入重建計劃而被拆卸。

2007年結志街

由閣麟街望結志街，左方為大牌檔蘭芳園，右方可見著名的 ABC 餅屋、龍記燒臘飯店以及新景記魚蛋麵店，圖片的右方於 2006 年已列入市區重建範圍。

保留之三棟唐樓

2007年即將重建的嘉咸街

由結志街向下望，嘉咸街由二十六至三十號的三幢舊唐樓將予以保留。其地舖於五、六十年代為粉麵製作店舖的有記及樹記。

2007年結志街

嘉咸街現被重建的樓宇

2007 年結志街面臨重建，橫亘的是嘉咸街，左方及右方的樓宇現已被拆平，正在重建中。

2008年結志街

由卑利街望結志街的肉食公司及米舖，這一列樓宇稍後被夷平，現時有一結志街街市在此建成。

重建區內粥店

2008 年位於重建區內卑利街 8 號的一家粥品油器店。這一帶現已建成一座名為 MY CENTRAL 的住宅樓宇。

約1966年卑利街及皇后大道中

雄心百貨

由結志街向下望卑利街及皇后大道中，正中雄心百貨旁是名為「花布街」的永安街。這一帶的樓宇多已經歷一至兩次的重建，而左方的樓宇現時正在重建中。

重建區內炭店

2015 年，位於卑利街 21 號重建區內的一家炭店，以及樓下的包辦筵席福食店。

1952 年由皐利街東望威靈頓街。可見賓記竹蔗水、萬國飯店等多家名店以及名中醫呂哲公。正中的唐樓是與嘉咸街交界，位於威靈頓街 120 號的永和雜貨店，這棟樓宇現正進行維修。1950 年化，路上行人的衣著是以唐裝衫褲為主。（圖片由黃照培先生提供）

約1962年嘉咸街

永和雜貨店

兩旁唐樓現已兩度拆卸

由威靈頓街上望嘉咸街，這條市街的兩旁現時仍攤販林立，但大部份唐樓已經兩度拆卸，只餘下嘉咸街上端 26、28 及 30 號，以及左方圖片外威靈頓街 120 號永和雜貨店的古舊樓宇。

1999年永和雜貨店舊樓

嘉咸街（右）與威靈頓街 120 號交界的永和雜貨店舊樓。

2005年永和雜貨店

威靈頓街 120 號永和雜貨店的舖面。

1968年鴨巴甸街

由皇后大道中上望鴨巴甸街，右方大光珠寶金行的樓上為襟江酒家，於 1981 年改為第二代蓮香茶樓。第三代蓮香則位於正中杭州影樓招牌的後方。現時圖中的樓宇皆被拆卸重建。

2005年蓮香樓

位於威靈頓街 164 號的老牌茶樓蓮香，樓宇已納入重建計劃，惟茶樓則早於 2022 年中結業。

2009年蓮香樓內景

圖片左方可見大水煲以及令人觸目的痰罐。

1986年中區街坊福利會建築

位於九如坊 3 號與鴨巴甸街（左）交界的中區街坊福利會建築，於 1960 年之前，是被稱為「國家醫院（重建為西營盤賽馬會分科診所）分局」的診療所。在二十一世紀初改建為蘭桂坊酒店。（圖片由陳創楚先生提供）

1992年兩幢二十世紀初之舊唐樓

位於威靈頓街末段與皇后大道中（右）交界的兩幢二十世紀初之舊唐樓，在 1850 年代起至 1902 年，這裏為著名的雲來茶居。左方為一現時仍運作的地下男廁。

3

商業金融

中環 傳統貿易區

1990 年皇后大道中

中環街市以西的租庇利街旁，有鐵行里及現時為中環中心停車場入口的維新里，再往前則有早期為「私家街」，包括興隆街、同文街、永安街（花布街）、機利文街及新街等，多條開闢於開埠初期 1840 年代的街道。

興隆街及同文街有多間經營工業化工原料的店舖，尤其同文街亦有工業原料街的別名。1878 年一場緣於興隆街的沖天大火，波及西鄰的同文街、永安街等，以及皇后大道中、威靈頓街、嘉咸街迄至砵典乍街等的多條街道，事後進行重建，部份三層高的唐樓，於 1990 年代初被拆卸重建，部份仍被保留。

這區的名店有余仁生藥行、慶雲茶樓及其對面的第一代蓮香茶樓，以及以「一毛不拔」牙刷馳名的梁新記百貨公司。還有位於皇后大道中 135 號，機利文街口一座橋屋（樓宇出入口能通往另一街道）二樓的名相士「左筆根」。

機利文街及永安街（花布街）有多間呢絨疋頭店，樓上樓下亦有不少洋服工場，提供「度身定造的西裝」。著名的先施及永安百貨公司，亦於二十世紀初，在附近的皇后大道中 172 號及 167 號開業。百多年來，除工業原料及衣着布疋外，不少包括船上用品、鐵器、百貨、化妝品以至食品及蛋類等，皆在這些橫街內經營以至發揚光大。

1992 年，位於皇后大道中、租庇利街、維新里、鐵行里迄至機利文新街範圍內，包括興隆街、同文街及永安街等的大部份樓宇被拆卸，於 1998 年建成巨廈中環中心。其地下有一名為「H6 CONET」的社區中心，四通八達，可以連接包括鐵行里、興隆街、同文街、永安街及機利文街和新街的多條悠久歷史的早期街道，足可與中環街市互相呼應，成為一遊覽休憩景點。

約1963年皇后大道中

由中環街市前西望皇后大道中，位於舊唐樓群中的多家名店，包括華豐燒臘、金菊園燒臘、廣洲臘味家、余仁生藥行及正中的襟江酒家等。

約1973年皇后大道中

與前頁圖同一地點，巴士兩旁可見第一代蓮香樓及第二代蓮香樓（襟江酒家）的招牌，右方為名燒臘店永安及楚記的所在。廣洲臘味家旁是吉士笠街。

約1980年同文街

剛被拆卸的慶雲茶樓地盤

由皇后大道中望向同文街，左方為剛被拆卸老牌慶雲茶樓的地盤。

1992年同文街

1992 年由德輔道中南望同文街。兩旁十九世紀樓宇的舖位多為工業原料店，路中仍見一早期的去水溝。

約1980年機利文街

皇后大道中望機利文街，右方仍見若干間疋頭及洋服店，大部份店鋪是背連永安街的花布疋頭店。

機利文街另一方向

圖右方大牌檔有奀記，此為多間雲吞麵名店發源地

1981 年由德輔道中望機利文街，街上有多間疋頭及洋服店，右方的大牌檔中，有一檔是以雲吞麵馳名的奀記，現時多間雲吞麵名店皆發源於此。左方連同這一帶包括永安街、同文街及興隆街的樓宇於 1992 年全被拆卸，以興建中環中心巨廈。（圖片由何其鋭先生提供）

1986年永安街

1986 年由德輔道中望永安街（花布街）的呢絨疋頭店。1992 年因市區重建，整條街被拆平，部份店舖遷往西港城繼續經營。（圖片由陳創楚先生提供）

1985年余仁生藥行

皇后大道中余仁生藥行另一景，其左方為又名「工業原料街」的同文街。右方可見楚記及永安的兩家燒臘名店的招牌。（圖片由陳創楚先生提供）

楚記燒臘

永安燒臘

1990年余仁生藥行

興隆街的原料雜貨店，於一八七八年釀沖天大火。

1990 年，中環重建計劃內位於皇后大道中 103 號，創辦於 1879 年的余仁生藥行。右方的橫街為興隆街，街口有著名的楚記燒臘大牌檔，街內有若干間工業原料店，1878 年一場沖天大火，便是這街內一原料雜貨店所引發。

1995年中環中心建築地盤

1995 年，正在興建中環中心的建築地盤。地盤入口處為余仁生藥行的原址，貨車背後為鐵行里的樓宇。

約1988年皇后大道中

第二代蓮香樓，1996 年被拆卸改建　　　　一列四棟唐樓仍保留

約 1988 年位處重建發展區的一段皇后大道中。位於與鴨巴甸街交界的第二代蓮香樓於 1996 年拆卸改建，其右鄰位於一百七十三號的珠石玉器店，原為 1900 年開業的第一代先施百貨公司。這一列三幢的古舊唐樓現仍健在。

約1998年寶源珠石玉器店

約 1998 年皇后大道中 172 號的寶源珠石玉器店。玉器店及樓上的所在，原為 1900 年開業，以「不二價」及聘用女售貨員而聞名的先施百貨公司，這連同右鄰的共三幢樓宇，現時仍被保留。

2015年吉士笠街

2015 年由皇后大道中向上望吉士笠街，又名「紅毛嬌街」，仍見一補鞋檔及改衣檔。1850 年代已有很多補鞋檔在這條街開設，相傳港督亦為顧客。

商業金融

上環
華人金融貿易區

約1964年皇后大道中

香港的第一次填海，中區部份是由原為沿海小徑的皇后大道中填至德輔道中，範圍是由現時的舊中國銀行迄至中上環交界點的永勝街。早期設有一座永勝街碼頭，長久以來，街上有多間售蛋店舖，永勝街因而被稱為「鴨蛋街」。其西端早期有一廣源市集，後來闢有廣源東街及廣源西街。其東鄰亦有一條有多座圖章檔的文華里，又被稱為圖章街。

1851 年 12 月 28 日發生一場大火，是由這一帶的威靈頓街，沿着仍為面海的皇后大道中，焚燒至西營盤皇后大道西「雀仔橋」修打蘭街鐵行貨倉一帶。事後，當局在面海的皇后大道中、大道西進行填海，在新填地上開闢了包括乍畏街、文咸街、永樂坊（街）、孖沙街、禧利街以及摩利臣街等多條新街道。皇后大道中與文咸街的中上環交匯點，早期有一「十字路口 Cross Roads」的名稱。1858 年，這一帶落成一座五號警署，1868 年成立的水車館（消防局）亦附設於警署內。1913 年，一座男地下公廁在警署地底建成，現時仍然開放。

這一帶迄至上環永樂街的西營盤區，為華人的金融及商貿區。乍畏街上有多間蘇杭綢緞店，其中文名稱於 1980 年代改為「蘇杭街」。文咸東街及永樂街有多間銀號及批發金號，包括道亨（現星展銀行）、永隆（招商永隆）、永亨（現華僑永亨）、恒生（恒生銀行）等，以及著名的昌盛、永盛隆、景福及利昌等金舖。金銀業貿易場亦位於區內的孖沙街。

這一帶的皇后大道中亦有包括周大福、周生生、南盛、陳廣記、天盛及大來等的多間珠寶金行，十分密集。此外，多家馳名的老中藥店，包括：誠濟堂、二天堂、陳李濟、李眾勝堂、唐拾義、馬百良及以「驚風散」馳名的賴耀廷等在這周遭開設。

約 1880 年，一座橫跨鴨蛋街及中上環地段的得雲茶樓開業，其西端道亨銀行旁的廣源東街，為通往永樂街及德輔道中的「捷徑」，二戰和平後兩旁幾乎為洋雜、衣物拉鍊，尤其是以化妝品為多的百貨店，很多化妝小姐在此採購。近永樂街口是一旗幟車縫檔，其上端亦為一橫跨街口的橋屋，隔鄰為專刊紅伶及明星新聞的《真欄日報》，其西邊的廣源西街有包括鋭記雲吞麵大牌檔。1942 年，鏞記酒家開業，當時亦為位於此街的一大牌檔。

1992 年，包括永和街、永勝街、皇后大道中、文咸東街、廣源東、西街及永樂街範圍內，多座包括得雲茶樓、景福金舖、道亨銀行等的樓宇被拆卸，以建新紀元廣場及中遠大廈，於 1998 年落成。

至於皇后大道中密集珠寶金行所在的唐樓，亦包括李錦記蠔油莊的老舖，亦早於 1970 年代起陸續被拆卸改建為新廈，其中一座為「百步梯」(歌賦街尾段) 的住宅樓宇荷李活華庭。

約1964年皇后大道中

約 1964 年，由「百步梯」(歌賦街尾段，現荷李活華庭所在) 東望皇后大道中。右方有包括天寶、大觀、天盛及寶光等珠寶金行，巴士左方為孖沙街口的第一代陳意齋食品店。這一帶的唐樓即將陸續拆卸重建。

約1966年皇后大道中

約 1966 年皇後大道中同一地段唐樓群的特寫，正中為洪冠洲中醫館及陳意齋食品店，右方皇后大道中 194 號鈞和鞋的橋屋地舖為「二奶巷」(安和里)的入口。

約1985年文咸東街

匯集化妝品及洋貨之廣源東街入口

景福金舖

泗利金舖

約 1985 年位於文咸東街三號及五號的泗利及景福金舖。左方為化妝品及洋貨店匯集之廣源東街的入口。

1992年得雲茶樓

1992 年位於皇后大道中與文咸東街交界，開業於約 1880 年橫跨中上環兩區的老牌得雲茶樓。拍照時茶樓已結業，即將連同兩旁的樓宇，拆卸以進行市區重建，數年後新紀元廣場及中遠大廈在這一帶落成。

1992年皇后大道中地下公廁

1992 年被夷平，現為新紀元廣場及中遠大廈

廣源東街入口

廣源西街入口

1992 年，由皇后大道中的地下公廁入口望上環區。道亨銀行的左右兩方為廣源西街及廣源東街的入口。開埠初期，這一帶為「廣源市集」。1992 年底，中右邊的所有樓宇被夷平以闢新紀元廣場及興建中遠大廈。

1992年永樂街

1992 年由金龍中心背後西望永樂街，右方為林士街地鐵出口，左方一列舊樓的兩旁為永勝街（俗稱「鴨蛋街」）、廣源東街及廣源西街。舊樓於年底拆卸，重建為中遠大廈及新紀元廣場等。

舊樓現為為中遠大廈及新紀元廣場等

林士街地鐵出口

1992年陳李濟藥廠

1992 年，位於皇后大道中二百零六號的老牌陳李濟藥廠。藥廠連同左右鄰的舊樓即將拆卸重建。

2015年蛇王林

2015 年位於上環禧利街十三號、開業於二十世紀初的老牌蛇品店，蛇王林的第二代店址。第一代開設於蘇杭街八十二號。

陳
KEE
YUE CHUNG HIN

生活娛樂

Chapter 2

上環重建區

1977 年文咸東街

1960 年代中，當局實施的社區重建計劃在上環開展，部份位於樓梯街及兩旁的弓絃巷、荷李活道、摩羅上、下街等的多幢樓宇的買賣被凍結，若干幢於稍後被夷平以闢摩羅街市場，用作安置受到拆樓影響的攤販。

上環的大規模重建始於 1975 年，以重建於 1913 年的南便上環街市為中心，連同其四周的皇后大道、摩利臣街、東街、西街、水坑口街等，範圍內多家包括富隆、江蘇及金華等茶樓酒家，以及杏花樓酒家舊址的樓宇被拆平。當局又在荷李活道的大笪地，興建一座臨時上環街市。到了 1989 年新上環市政大廈的街市落成後，大笪地才闢作荷李活道公園。

受到重建影響的，還有一條界乎皇后大道西、大笪地下端雲集不同行業老店，以及綢緞和女紅用品的發興街，其街頭為金華酒家，街尾為面向皇后街的雲香茶樓。

被夷平的還有文咸東街和永樂街之間的十王殿廣場內的一座公廁，還有文咸東街南便上環街市比鄰，包括「晉隆生瓷器」等的多座唐樓，同時，位於南北行街（文咸西街）的多幢十九世紀典型南北行式的商舖連樓宇亦被拆卸改建，現時，只餘下位於 12 號百昌堂的一座。

十王殿廣場另一邊的永樂街，有包括添男、平香茶樓和清華閣及背連的銀龍酒家。而平香旁邊有一條可通往東來里上環果欄的安泰街。果欄於 1980 年代末遷往石塘咀後，這一帶變為荒涼，茶樓酒家亦陸續消失。

十王殿廣場及公廁所在現時為上環文化廣場。

1960年代上環重建區

當局於 1960 年代中提出上環區的市區重建計劃，並於 1970 年代中正式實施。左方位於東街與西街間的市攤地段，現為華秦大廈。右方與摩利臣街交界的多間肉食公司店鋪及背後的南便上環街市，陸續拆卸以興建設有新街市的上環文娛中心。一座臨時上環街市則興建於荷李活道「大笪地」，正中的圓型建築物為金華酒家。此圖攝於 1977 年。

多間肉食公司店鋪，現為上環文娛中心

金華酒家

東街與西街間的市攤地段，現為華秦大廈

約1966年皇后大道中

約 1966 年由水坑口街一帶東望皇后大道中，左方一列店舖的背後為南便上環街市，貨車的背後是摩利臣街。

1972年發興街十一號

1972 年位於水坑口街至皇后街的一段皇后大道西背後之發興街。圖中為位於 11 號的玉器及「朱義盛」鏤金銅首飾的店。

1972年發興街九號

1972 年發興街 9 號的一家機製木器玩品及紙品的店舖。這條專售賣古老物品、中國綢緞及刺繡女紅用品的橫街，兩旁的店舖及樓宇，於一兩年後全被夷平。

皇后大道西東望發興街

由皇后大道西東望發興街，可見街內的服裝及綢緞店。路中心有一條十九世紀形式的去水渠。

約1975年上環一公廁

約 1975 年，一座位於文咸東街（右）、永樂東街（左）及摩利臣街（背後）的公廁。這座公廁於 1990 年代中被拆卸，以開闢上環文化廣場。

1977年文咸東街

有記合燒臘店仍在原址

文咸西街數棟舊樓將拆卸重建

1977 年由水坑口街望文咸東街。左方位於皇后大道西 1 號，老牌燒臘店有記合的樓宇現仍存在。正中文咸西街包括第二代南北行公所的多幢舊式樓宇將陸續拆卸重建。

1977 年由德輔道西東望永樂街，兩旁的多幢「南北行式」的舊樓即將拆卸重建，惟右方的蔘行現仍在原址經營。

1981年摩利臣街

1981 年由皇后大道中望摩利臣街。正中為南便上環街市面向蘇杭街的出入口。左方的「靠牆舖」是名中醫冼冠興的平安堂涼茶生草藥行。（圖片由何其鋭先生提供）

1989年摩利臣街

1989 年由皇后大道中向下望摩利臣街。左下方可見位於現上環文化廣場所在的公廁，其背後是位於永樂街的清華閣茶樓酒家（前），以及德輔道中的銀龍酒家（後）。這批古舊樓宇於一兩年後開始，陸續被夷平。

1981 年由永樂街東望文咸東街（左及右）的南便上環街市。這建築物即將改建為上環市政大廈。（圖片由何其鋭先生提供）

生活娛樂

上環宴飲消費區

約 1963 年港澳渡輪碼頭

上環宴飲消費區是由先施公司旁的永和街起，迄至北便上環街市（現西港城）的干諾道中、德輔道中及永樂街等。

被稱為「海皮」的干諾道中，有多座包括港澳、內河船以及接駁停泊於海面（即「抛海」）輪船之「電船仔」碼頭，為迎合旅客的需求，多座中式旅店和客棧，開設於干諾道中和德輔道中，較著名的有陸海通、大東及祺生等。

包括先施、永安、大新、瑞興、協昌及利源等大小百貨公司，還有大同、金龍、銀龍、新光、中國、金石及特別等大小酒家，使到這一帶成為以華人為主的消費和宴飲區。1958年，上環填海完成，新填地上瞬即形成一集飲食、購物及娛樂的消費場所的「平民夜總會」，人流麇集。

可是，這區亦為良家婦女禁地之「人肉市場」，尤其是華燈初上，干諾道中及德輔道中的唐樓「騎樓底」之行人路上，遍佈被名為「阻街女郎」的私娼，位於干諾道中的被稱為「海皮貨」，德輔道中的則為「企電車路」，樓上的廉價旅店客棧，成為其「短聚」的「交易」陽台。此現象要到 1970 年代，這些唐樓旅店全被拆卸建為新大廈之後，才告消失。

烟花之地旁的著名地標是為被稱作「船頭官」的海事處大樓，以及新世界（後來易名為「恒星」）戲院，兩者的所在現為無限極廣場。其東鄰的瑞興百貨公司於 1958 年，改建成第一代的李寶椿大廈，其十一樓有一月宮酒樓夜總會，於晚上廉價茶舞時段，吸引到一群被稱為「飛仔飛女」的慘綠少年，不時因爭風呷醋而引起糾紛。

除月宮外，附近還有「金馬」及「迷樓」的兩家舞廳，吸引到不少「火山孝子」（舞客）在此「腳震」（跳舞）。

為服務「西裝友」的豪客，這帶有多間包括怡安泰、鴻翔及大東方等的洋服和呢絨店，以及亨得利、李占記及林源豐等錶行。

1981 年，因興建新港澳碼頭及信德中心，市民消閒天地的「平民夜總會」遷移往現西港城對開處，但規模逐漸縮小而最後於 1990 年代消失。西港城西鄰的干諾道西有多間包括馬福記、陳萬合、黃源盛及趙錦興等的田料菜種行，大部份現時仍在該一帶營業。

約1970年渡輪澳門號

約 1970 年，停泊於上環干諾道中與文華里間之港澳碼頭的渡輪澳門號。右方的多幢旅館唐樓稍後陸續被拆卸改建。左方的一列部份為旅館的唐樓亦於三年後拆卸，改建為永安公司大廈。

約1963年上環巴士總站

第一代新填地「平民夜總會」，
現為新港澳碼頭及信德中心

約 1963 年，信德船務公司設於上環干諾道中，與林士街交界的港澳渡輪碼頭。前方為巴士總站，巴士站的左端於黃昏起便成為攤販雲集的第一代新填地「平民夜總會」。於 1980 年代初改建為新港澳碼頭及信德中心。

約1980年上環海傍

約 1980 年，上環干諾道中海傍可見多幢由舊旅館唐樓改建的新大廈，左方亦可見永安公司大廈。正中為矮小的上環街市（西港城），海邊正大興土木以興建新港澳碼頭及信德中心。

約1978年德輔道中一帶

約1978年由干諾道中望林士街及德輔道中一帶。正在興建地下鐵路上環站的地盤，原為海事處及背後的恒星（原名新世界）戲院，以及德輔道中另一端的金龍酒家。左中部一列位於永樂東街之舊樓群現時為新紀元廣場及中遠大廈。至於海事處及恒星戲院的地盤，於1990年代初建成維德廣場，後來易名為無限極廣場。

約1970年林士街

約1970年，由德輔道中永安公司前南望林士街。正中《真欄日報》所在為永樂街，其入口位於右側之廣源東街。左方的公廁於八十年代拆卸以建地鐵站及金龍中心，正中一帶現時為新紀元廣場及中遠大廈。

約1963年德輔道中

約 1963 年由上環街市（西港城）望德輔道中。左方的舊樓群中，有包括新光、珠江、陸海通、金石及公團等酒家和食肆。右方的「騎樓底」的行人路上，於黃昏起，大量報販設置地攤，販賣一毫兩份的「拍拖報」。同時，這一帶亦為私娼麇集的「人肉市場」。數年後起，兩旁的唐樓陸續被拆卸建成新廈，面貌徹底改變。正中為月宮酒樓夜總會所在的第一代李寶椿大廈。

1985年北便上環街市

1985 年位於干諾道西 1 號的北便上環街市，由稱為「平民夜總會」的新填地南望。九十年代初，街市被重整為遊覽及宴飲場所，並設有「花布街」的西港城。

文咸西街

即將重建的第二代南北行公廁

1992年文咸東街

正在拆卸中樓宇左旁是名為「南北行街」的文咸西街。正中為重建於 1950 年代初的第二代南北行公所亦即將重建。

7

生活娛樂

半山區和平民區

1977 年必列啫士街街市

早期的半山區，是指由堅道延至干德道一帶，直到戰前為外籍人士及部份「高等華人」的居所，亦包括部份的些利街、卑利街和衛城道等。

半山區內有包括荷李活道皇仁、華仁、聖保羅及庇理羅士等名校，亦有不少由大儒名宿開辦的男女中西學塾。為配合這些學校，多家書坊舖（書店）在區內開設，包括 1913 年在荷李活道 82 號，即庇理羅士女子中學對面試業的商務印書館。1950 年代，多間包括藝美、世界、中國、五桂堂、民生、四海及精工等書局，以及友生昌筆墨莊，在鴨巴甸街以東的一段荷李活道開設。該書局地段的中心店舖為現仍在舊樓營業的公利竹蔗水。

這一帶的地標為大館的中央警署、PMQ 的警察宿舍以及歷史悠久的文武廟，四周滿佈木結構的古舊樓宇，為中下層市民的居所。只有少部份為於「卅間」及必列啫士街一帶的三合土唐樓是 1950 年代初建成者。除民生所需的食用品外，有多家只為一間店舖的「地踎茶居」，包括龍香、瑞華、義芳、平民、德馨、惠海、牛記及寶賓等，而位於現新聞博覽館東鄰，原寶賓的樓宇現仍存在。

名為「卅間」（相傳有富商一口氣在此區購入卅幢唐樓而得名）的盛事為每年農曆七月的盂蘭勝會的燒衣打醮施孤。全盛時期的 1950 年代，醮會期間士丹頓街、伊利近街、佐治里及光漢台一帶的樓宇，旗幟飄揚，裝飾輝煌，燈光照耀如同白晝，加上演戲和唱女伶，仿如嘉年華會，人流如潮。由 1960 年代至近年，這區的樓宇不少為經歷兩次的重建。

直到 1980 年代，士丹頓街、荷李活道迄至歌賦街的店舖，大部份為印務館、鑄字館及報館等。稍後，逐漸演變為延續蘭桂坊的 SOHO (South of Hollywood Road) 區，全盤西化，相對往昔的雞犬相聞，守望相助傳統風情，大異其趣。對比強烈的是一家位於「卅間」佐治里口街坊熟知的初記豆腐舖，其位置於 1970 年代初為「摩登西化」的滙豐銀行。

1926年半山區

約 1926 年由華人行頂樓的南唐酒家（兩、三年後改名為「大華飯店」）望半山。左中部可見天主教總堂及鐘塔，鐘塔於 1947 年拆卸改建為南華中學，再於 1960 年改建為高主教學校，教堂前方的樓宇現為成立於 1953 年的明愛中心，教堂背後一帶現為住宅屋苑樂信台及宏基賓館。

1972年中半山

1972 年的中半山（前）及灣仔新填海區（中）。中前方為兩年前落成的美利大廈及新纜車總站大樓。兩艘軍艦的中間為稍後落成的富麗華酒店。

1982年中央警署

1982 年，位於荷李活道，建成於 1919 年的中央警署（大館）新翼。

1986年聖貞德學校

1986 年位於羅便臣道八號的名校—聖貞德學校。學校稍後遷往北角寶馬山，原址於 1990 年改建成住宅屋苑樂信台。（圖片由陳創楚先生提供）

1986年甘棠第大宅

1986 年位於堅道與衛城道交界的甘棠第大宅。這落成於 1914 年的西式建築稍後被改建為孫中山紀念館，於 2006 年落成。（圖片由陳創楚先生提供）

1998年堅道

1998 年由些利街東望堅道。巴士右旁的所有樓宇即將改建為新廈。

2008年堅道

2008 年位於衞城道與城隍街間一段堅道上的多座樓宇。高台上有兩間太湖酒家，而右方面向城隍街亦有一中菜館。數年後，全部樓宇連同高台被夷平，建成一高尚住宅大廈「殷然 ALASSIO」。

由荷李活道上望被稱為「泥街」的一段伊利近街，1992 年。圖中大部份 1960 年代的唐樓現仍存在，路上仍是不少小販攤檔和大牌檔，左下方為著名的民園麵家及玉葉甜品。

1992年伊利近街

1998年士丹頓街

1998 年士丹頓街的傳統店舖及小販攤檔。這一帶現時已轉變為西式餐飲場所的 SOHO 區。

1999年「卅間」

1999 年由鴨巴甸街望「卅間」（士丹頓街）。街上的多座戰後樓宇，陸續拆建為新廈。右方為落成於 1951 年的已婚警察宿舍，其前方仍有多座小販攤檔。宿舍於 2010 年變身為 PMQ 元創坊。

1999年的盂蘭醮會

1999 年在「卅間」（士丹頓街）警察宿舍前舉辦的盂蘭醮會。卅間盂蘭醮會約始於 1950 年。

2002年成發白米店

2002 年，介乎中和里（左）與華賢坊東（右），一段士丹頓街上的老牌牛記茶室與成發白米店，兩者皆為服務街坊者。2010 年代改建為住宅大廈尚賢居。

1977年警察宿舍及城隍街

寶賓肉食公司，1950 年代為寶賓茶室

此舊樓現仍存在

1977 年由必列啫士街街市東望城隍街（右）及士丹頓街的警察宿舍。正中的樓宇是在 1950 年代初在「卅間廢墟」中建成的舊樓，現仍存在。肉食公司於 1950 年代為寶賓茶室。目前，這一帶的多幢唐樓已被改建為新廈。

改建中的警察宿舍

同一地點，2006 年。構成市集的小販攤檔已全消失。右方 90 號的樓宇目前仍被保留，警察宿舍正着手改建為元創坊 PMQ。

1977 年由荷李活道向上望城隍街。正中為警察宿舍，左方位於 82 號的店舖所在，於 1913 年為商務印書館。1950 年代，為著名的包辦筵席館咸記。

1981年青年會

落成於 1918 年的青年會，攝於 1981 年。正中位於與樓梯街交界的威靈頓書院，稍後改建為住宅屋苑東盛台。

2002年永利街

2002 年由城隍街西望永利街。左方的殘舊樓宇於 2010 年代被大加整頓，面貌一新，右方為必列啫士街街市的遊樂場。

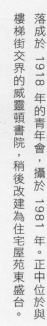

必列啫士街街市

落成於 1953 年的必列啫士街街市，攝於 2002 年。街市於 2018 年變身為香港新聞博覽館。

街市入口

2005 年必列啫士街街市的入口及內景。

8

生活娛樂

文武廟、竹樹坡和百步梯

約 1968 年摩羅上街

文武廟直街、竹樹坡和百步梯是荷李活道、弓絃巷和歌賦街尾段的俗稱，因文武廟於 1847 年落成於荷李活道，弓絃巷位於有竹樹的山坡段，其旁的歌賦街至皇后大道中的尾端有數十級石級而得名。

1950 年代，部份城隍街以西，荷李活道向山的樓宇，是與弓絃巷的樓宇「背對背」相連者。戰前，這段荷李活道有書坊舖、樂器店、傢俬店以至鴉片煙館等，部份店舖一直經營至 1960 年代。五十年代，著名的建築為《華僑日報》大廈。

被視為「與世隔絕」的弓絃巷，其迄至樓梯街的一段，有約三十幢舊木唐樓，有多家包括打鐵、電鍍、磨中藥粉及製紙的店舖，但最為人所知的，是六、七間鑲製首飾和收購殘舊金銀器的「落爐舖」，有兩三間後來發展為大金融機構和鑽石批發行。

落成於 1931 年的中央戲院，設有升降機、西餐廳，並有一持木棍的印籍守衛，其位於弓絃巷的後門為粵劇及電影大宣傳畫的製作室，不少人駐足觀看其鍾姓師傅的精心描繪。中央戲院旁的餘慶里一號，是「浮生六記」名食店之一「合記」的所在。中央戲院於 1971 年被拆卸，改建為中央大廈。

中央戲院的東邊為荔安里（十多年前併入禧利街），里旁的包括可通往弓絃巷的聚安里。這一帶連同皇后大道中以至荷李活道及城隍街的一大幅地段，於 2002 年建成住宅屋苑荷李活華庭。

由禧利街至樓梯街，現時只餘下一半的弓絃巷，背後的一部份為文武廟廣場。廣場前的荷李活道及樓梯街，於 1960 年為著名電影《蘇絲黃的世界》外景拍攝處。

文武廟東鄰與平安里之間為孔聖堂，於 1950 年代中改建為東華三院小學。樓梯街西旁的摩羅上、下街，長久以來為古玩雜架街，1970 年代起，古玩店的範圍，伸展至荷李活道。

約1968 年摩羅上街

約 1968 年，由樓梯街望摩羅上街的古玩雜架（雜物）店及攤檔。每天下午，不少人聚集於此街「尋寶」，由於有「精明的貓可捉獲肥老鼠（指貴價的老鼠貨賊贓）」的傳説，因此，摩羅街亦有「貓街 CAT STREET」的別名。早於 1960 年代，摩羅街及附近的上環區多條街道，被當局列入「市區重建」的區域。

摩羅上街舊貌

約1960年，由西街東望摩羅上街。這一段摩羅上街有不少機器、打鐵舖和酸枝傢具店。

1977年古玩舊物攤檔

1977 年，由樓梯街望介乎荷李活道（中）及摩羅街之間，剛被拆平之舊樓的地盤。路邊仍見若干古玩舊物攤檔，而地盤則於稍後建成金荷大廈。

約1965年樓梯街

約 1965 年，由皇后大道中上望樓梯街。右上方有圓燈的簷篷處為江蘇酒家的側門。榮寶齋裱畫店及唱片檔旁是摩羅下街的入口。這一帶的樓宇於 1977 年起被夷平以闢樂古道。左上方為位於與弓絃巷交界的齡記書店。

約1965年摩羅下街

約 1965 年由樓梯街西望摩羅下街。這段街道現已變為樂古道，部份店舖的名字現仍存在。

1976年竹樹坡

1976年，由百步梯（歌賦街尾段）望別名竹樹坡之弓絃巷的舊唐樓群。唐樓群背對背的是位於荷李活道面向《華僑日報》一帶者。拍攝時已被列入市區重建計劃。

製藥及鐵器店

1976 年，弓絃巷唐樓群地下位於一高台上，包括製藥及鐵器等店鋪。此街亦有若干間收賣及化鍊舊金銀首飾（稱為「落爐」）的金銀店號。

1976年皇后大道中

1976 年，由皇后大道中一地盤望聚安里（左）及另一段弓絃巷（右）的樓宇。右方有一條荔安里現已成為禧利街的連接段，由皇后大道中包括部份弓絃巷等以至荷李活道的多條街道，於二十一世紀初，建成屋苑荷李活華庭。

9

生活娛樂

樓梯街與荷李活道風情

1977 年荷李活道

由皇后大道中至荷李活道的一段樓梯街，為一熱鬧市集，有古董店舖和攤檔、書店、書檔、唱片檔、裱畫店以及魚蛋粉和雲吞麵的大牌檔等，整天人流不絕。當時最著名的是位於與弓絃巷交界的齡記書店。

位於西面的摩羅上街，有多家古玩舊物店及路上攤檔，五十年代已有不少中外買客，在此「搜捕獵物」，部份稍後遷往荷李活道經營或開分店。

至於摩羅下街，則以皮鞋類用品，包括革履的店舖為主，亦有古董雜架店。當中有一間開業近百年的永昌燈籠店，其外牆及在街上半空懸掛晾晒的各式燈籠為街頭的特色。

接近樓梯街的唱片檔及店舖，整天不斷重複播放中西樂曲，令致附近的街坊有「繞樑三日」或「不勝其煩」的截然不同感覺。

摩羅街上端的荷李活道，有不同類別的店舖，包括士多、書簿文具店、中西藥行、玩具店及印務館等，還有為婦女電髮「扮靚」的美容院，以一家「蝴蝶理髮廳」最馳名。此外，有仁和、吳源記、會源樓、廣生及陳財記等中式飯店，以及橋香、鴻記及華樂等冰室，後者現仍在東街營業。橋香舉辦月供一元，一年後的中秋可領月餅五筒（每筒四個）的「月餅會」，廣受街坊的歡迎。

1977年文武廟前東望

1960 年代被劃入重建的老區，在文武廟前東望，1977 年。正中筵席專家招牌旁是《華僑日報》報社，左方有兩家古玩店的所在是文武廟廣場。原美香居餅店金字屋頂背後是弓絃巷的樓宇。左方最高的是由中央戲院改建的中央大廈。

文武廟前西望

1977 年在文武廟前西望荷李活道。正中為樓梯街旁正在重建的地盤，左方為《蘇絲黃的世界》之「酒店」舊樓改建而成的新樓宇。

《蘇絲黃的世界》之「酒店」舊樓改建而成的新樓宇

重建地盤

南閣酒店

1960 年，文武廟旁樓梯街的舊唐樓，裝飾成一家南閣酒店以拍攝電影《蘇絲黃的世界》。坐在人力車上的是荷李活影帝的威廉荷頓。

1977年荷李活道

正中為《華僑日報》大廈，左方的多幢「石屎」唐樓之地舖，開有藥行、古玩店以及涼茶店等。皆於一兩年後被拆卸重建為新大廈。

藥行、古玩店以及涼茶店，一兩年後重建為新大廈

《華僑日報》大廈

1977年荷李活道

1977 年由西街東望荷李活道，左方福珍醬園旁為水巷，正中可見吳源記酒家的招牌，而右方連接東街的三層高舊樓有一華樂冰室。

水巷入口

吳源記酒家

華樂冰室

約 1935 年由百步梯（歌賦街尾段）西望皇后大道中。左方第二間店舖是 1932 年由粵省及澳門遷港，位於皇后大道中 262 號的李錦記蠔油莊，其背後的聚安里是可通往弓絃巷 1 號的店舖旁者。右方為位於安樂園飲冰室與中央戲院之間的荔安里，現時為禧利街的延伸段。這一帶迄至荷李活道包括部分弓絃巷的樓宇，現時為荷李活華庭住宅群。（圖片由許日彤先生提供）

10

生活娛樂

荷李活道與東街、西街

1977 年荷李活道

早期，這一帶迄至太平山街及普慶坊，為華人聚居地「太平山區」的中心點。為人熟知的是附近的大笪地和東華醫院。

十九世紀中後期，這一帶為華人的風月及宴飲區。迄至1960年代，部份荷李活道及水坑口街的舊唐樓，仍可感到昔日煙花之地的流風餘韻。一座位於荷李活道與水坑口街交界，早期為妓院錦繡堂的舊樓，於1950年中才被拆卸改建。

東華醫院及設於太平山街的門診部為市民提供治療，以及位於正院的婦產服務，真正是苦海慈航。其附近的百姓廟及新孖廟等，香火鼎盛。「驚蟄打小人」的活動，早期亦在此舉行。1960年代，才「移師」往銅鑼灣鵝頸橋一帶。而附近街道，亦有不少香燭紙料紥作店、棺木長生店、壽衣店及儀仗音樂店等。戰前，亦有戲曲、八音和手托戲的機構及店舖在西街一帶開設。

這區的荷李活道，有包括一樂軒、唐崇山氏等若干間涼茶店，部份於1960年代初裝上一部麗的呼聲有線電視，供「茶客」觀看，儼如一「迷你影院」。

市民休憩及消閒場所的大笪地，有多家星相算命館和理髮店，入口處有一經濟飯店，現時為荷李活道公園。附近有筵香、梁松記及西施的包餅店。

1970年代中，這一帶進行大規模拆卸重建，在夷平的地段上重整東街及水坑口街等，將大部份西街及摩羅下街，改闢為樂古道，連同水坑口街，變身為可行駛車輛的馬路。

工程完成後，荷李活道的民生店舖，逐漸變身為古玩文物店，連同摩羅街及文武廟，成為馳譽世界的遊客區。

1977年全面落實重建的上環區

由荷李活道（圖前方）向下望摩羅上街（左中）、下街及樓梯街（正中）多幢被夷平樓宇的地盤，後方的皇后大道中亦有多幢舊樓正在拆卸重建，1977 年。

1974年荷李活道二百一十五號唐樓

1974 年位於荷李活道二百一十五至二百二十三號的多幢舊唐樓。正中有圓拱型入口的是一座位於二百一十九號，面向差館上街的「橋屋」。早期，有多座橋屋位於皇后大道中的機利文街、永勝街、廣源東街、威靈頓街及安和里等處。圖中拱型入口的背後有一條兩旁皆有樓宇的長興街。

1974年「橋屋」

左頁圖之背面方向，由長興街南望荷李活道二百一十九號的「橋屋」背面。長興街連同荷李活道的多幢舊樓於八十年代改建為住宅大廈古今閣。

典型木結構住宅唐樓

1974 年，位於荷李活道二百二十三號一幢典型的木結構住宅唐樓，及其樓下的一間老牌藥行。德興食品公司的左邊，分別有可通往摩羅下街的老牌街道華里，以及通往水坑口街的五桂坊。

1978 年區內住宅唐樓內一景，可見「冷港」(走廊)兩旁的板間房及床位。板間房以至冷巷的上端亦加建可住人的「閣仔」。右方有「上下格床」的床位，除住人外，還置炊具和食具。

1977年荷李活道

左方為西街，中左部為一座十九世紀的舊樓，正中為一棟位於五桂坊旁的六十年代唐樓。右方為原西街（樂古道）旁的一間酒莊。

西街

十九世紀舊樓

六十年代唐樓

西街西望荷李活道

1977 年由西街西望荷李活道，位於長興里兩旁及荷李活道的舊唐樓已被拆平，右方的西街正着手改闢為可以通車的樂古道。

1977年樂古道

1977 年從荷李活道向下望，由西街及摩羅下街闢達而成，可以通車至皇后大道中的樂古道。正中的舊樓亦即將拆卸。

約1980年太平山街

正中為最初落成於 1851 年的廣福義祠。左方為與磅巷交界的觀音廟及新孖廟。1990 年代部份廟宇被改建為住宅大廈順景雅庭。

11

生活娛樂

由西營盤至西環

位於第四街（高街）的精神病院

1951年，崇基學院在堅道147號及下亞厘畢道之霍約瑟紀念堂開課。1955年則遷往沙田馬料水。1956年，當局亦設馬料水火車站（現大學站）。同年，聯合書院成立，上課地點為崇基的堅道舊校址，稍後遷往西營盤般咸道。到了1963年，崇基學院、聯合書院及新亞書院組成中文大學。

聯合書院背後的高街，有一座原為精神病院的建築物，於2001年改建為西營盤社區綜合大樓。

由精神病院中延至醫院道，包括英皇佐治五世公園的多幅地段上的建築物，皆屬於「國家（政府）醫院」者，其主要角色於1937年才被剛落成的瑪麗醫院所取代，部份樓宇於1958年改建為西營盤賽馬會分科診所。診所有一出口位於皇后大道西旁的「雀仔橋」堤道。

雀仔橋一帶為西營盤的中心點，有老牌的高陞戲院、武昌酒家及得男茶樓等多家食肆和名店，其對面的一大列唐樓，有多家出售當舖過期未續的鐘表首飾，以及衣物鞋履的故衣舖，現時仍有一家「合德」在原址營業。該列曾於1960年代重建的唐樓，現時又進行重建。

西營盤中軸線的正街及兩旁的第一、二、三街和高街，五、六十年代滿佈新、舊唐樓，梯口有多間不同行業的「樓梯舖」，為一特色。正街除熱鬧的市集外，附近有著名的多男、正心及茗芳茶樓，還有得記及鏞記飯店和源記甜品店等，人流不絕。這區域部份由桂香街、皇后大道西迄至正街的舊樓，現亦正着手重建。

1970年代起，這一帶的大部份舊唐樓，早已陸續拆卸重建，面貌一新。加上2010年代登山扶梯落成以及地鐵通車至此，扶梯兩旁，尤其是高街一帶，已成為新興的餐飲及消費區。

位處西營盤的一段德輔道西，為著名的「鹹魚欄」區，由1960年代起，逐漸變身為「海味街」，鮑參翅肚海味、臘味及鹹魚店舖雲集，每逢「大時大節」及「挨年近晚」，顧客麇集。

直到1970年代，正街西端迄至堅尼地城，仍有若干座凍房及貯米「公倉」，當中包括均益倉及九龍倉等。近年，紛紛被改建為商住樓宇及酒店等。最著名的是均益倉改建的均益大廈，以及由九龍倉改建的高樂花園等。還有由太平戲院及金陵戲院改建的住宅樓宇華明中心及金陵閣。

石塘咀的新地標式住宅大廈，是由最先的居者有其屋計劃於1955年興建的「公務員合作社樓宇」改建，於2001年全部重建落成的豪宅寶翠園。

位於寶翠園西邊士美菲路一座興建於1880年代的麻纜廠，於1960年代改建為聯邦新樓住宅群，其對面位於卑路乍街與爹核士街交界的一座老牌陳李濟藥廠，亦於1990年代初，改建為住宅大廈。

自地下鐵路於2015年通車至西營盤及堅尼地城之後，加上大量拆舊建新，該區日趨繁盛。

約1970年基恩學校

約 1970 年位於中環「鐵崗」(己連拿利)聖保羅堂旁的基恩學校。直到 1955 年，崇基學院的課程是在此及堅道一百四十七號開辦的，隨後即遷往沙田馬料水。

約1969年般咸道聯合書院

約 1969 年，位於般咸道的聯合書院。創辦於 1956 年的聯合書院，初期是在堅道一百四十七號崇基學院的舊址授課，稍後遷至此。1963 年，崇基學院、新亞書院及聯合書院，合組成為中文大學。

約1968年農圃道新亞書院

約 1968 年，位於土瓜灣農圃道的中文大學新亞書院。稍後改為農圃道官立小學。
新亞書院創設於深水埗桂林街。

1992年高街精神病院

落成於 1892 年，位於第四街（高街）的精神病院，1992 年。這座落成於 1892 年的建築物原為歐籍護理人員宿舍，於 2001 年改建為西營盤社區綜合大樓。

第二街69號唐樓

位於第二街六十九至七十五號間的一列戰後落成唐樓，稍後拆卸改建為街市。

第二街80號唐樓

1977年第二街八十至八十六號的一列戰後「石屎」（三合土）唐樓。即將改建為新廈。

1992年皇后大道西

1992 年由新街西望皇后大道西。正中是被名為「雀仔橋」，建築於十九世紀中往來政府醫院（現西營盤賽馬會分科診所）的堤道。堤道底下有一啟用於 1911 年的公廁。右方為與賢居里交界的一列多幢樓宇，現在正被拆卸重建。

皇后大道西繡莊花牌

約 1985 年位於皇后大道西 137 號的一家繡莊的新張誌慶裝飾花牌，這一帶除繡莊外，亦有大量二手首飾、鐘表和故衣店，包括合德、貞信、時泰和及圖中右方的巨昌等。

2003年梁永盛香莊

始創於約 1880 年，位於皇后大道西一百五十二號，面向修打蘭街的梁永盛香莊，攝於 2003 年。現時已被改建為一新型住宅大廈。

1979年李陞街

由高陞街望向皇后大道西方向的李陞街，右方位於十四號的樓宇現為住宅大廈，而左方的一列將被拆平以闢遊樂場。

1986年德輔道西糖麪店

1986 年德輔道西六十七及六十九號，左方為修打蘭街旁兩座舊唐樓的店鋪。這些最後殘留的店鋪是建成於二十世紀初。（圖片由陳創楚先生提供）

1985年廣豐台

1985 年由西營盤第三街上望廣豐台的古典樓宇。（圖片由陳創楚先生提供）

1969年皇后大道西

1969 年由石塘咀山道西望皇后大道西。左方一列開有酒莊及浴室的樓宇稍後改建為盛貿酒店。正中可見位於和合街金陵戲院的招牌。（圖片由麥勵濃先生提供）

唐樓改建為盛貿酒店

金陵戲院

約1980年皇后大道西

約 1980 年皇后大道西 265 號的香莊及 267 號的傢具店，右方為桂香街。2022 年，這一帶迄至正街的樓宇，決定重建。

1986年陳李濟藥廠

1986 年，位於堅尼地城卑路乍街與爹核士街交界的老牌陳李濟藥廠。於 1990 年代初，被拆卸改建為聚賢逸居住宅大廈。（圖片由陳創楚先生提供）

1987年堅尼地城海傍貨倉

1987 年堅尼地城海傍近西祥街（左方）的兩座貨倉。自1950 年代後期起，這一帶的貨倉逐漸被改建為住宅樓宇。（圖片由陳創楚先生提供）

1986年新海傍碼頭

1986 年一座設於堅尼地城新海傍，與加多近街交界的碼頭。這一帶當時尚為荒涼的海濱，現時已為住宅及消費場所林立的地區。（圖片由陳創楚先生提供）

1967年堅尼地城新海傍

1967 年堅尼地城新海傍的工廠大廈與唐樓，左方為爹核士街。海傍有幾座大小碼頭，因接近菜市批發場及屠房，十分繁忙。

交通基建

Chapter 3

12

交通基建

中環的重建

1964 年中環銀行區

金融及商業中心的中環，人流和車流不絕，尤其是以渡輪集中點的統一碼頭一帶為最。碼頭東端干諾道中的海段，經歷 1951 年及 1963 年的兩次填海，在新填地上的愛丁堡廣場等位置，落成了大會堂、康樂（怡和）大廈、新郵政總局及交易廣場等地標式的建築物。

附近地段的多幢中西樓宇，早於 1950 年代初已進行重建，包括公爵行、歷山大廈、第二代怡和大廈、德成大廈、亞細亞行、渣打銀行及中建大廈等。最觸目者為設有香港首批扶手電梯的萬宜大廈。1960 年代落成的，有於仁（太古）大廈、太子大廈、由皇后行改建落成的文華酒店及聖佐治行等。

畢打街及其東邊為香港的銀行區，1970 年代起，為配合金融中心的發展，部份早期名廈如告羅士打行、東亞銀行、滙豐銀行，以及部份落成於五、六十年代的歷山、怡和、渣打及萬國寶通（花旗）銀行大廈，亦陸續拆卸重建。而最受關注的是落成於 1911 年頗殘舊的第三代郵政總局，於 1976 年被夷平以建地鐵站及環球大廈。

附近皇后大道中的皇后及娛樂戲院，亦分別於 1961 年及 1964 年改建為新戲院大廈，同時，還有 1962 年落成於與花園道交界原美利操場的希爾頓酒店，與其西鄰，1963 年的第二代拱北行。

1990 年代起，娛樂及皇后戲院再度拆卸改建為新廈，而希爾頓酒店及拱北行則改建為長江集團中心。

新填地的愛丁堡廣場，曾舉辦兩屆工展會，於 1954 年及 1958 年，廣場旁則分別築成新皇后碼頭及天星碼頭。

1958 年，部份皇后大道東（1968 年改名為金鐘道）兩旁的軍營及海軍船塢地段改作民用，當局隨即在此開闢夏慤道，部份軍營建築於 1970 年代起，分別改建為統一中心、奔達（力寶）中心、中銀大廈及太古廣場的新廈。

老牌的太古行及東方行則於 1973 年改建為富麗華酒店，其西鄰的水星大廈及背後的壽德隆大廈，則改建為麗嘉酒店，其東鄰則有落成於 1970 年代中的和記大廈，以及金門大廈（美國銀行中心）

踏入二十一世紀，上述酒店及和記大廈皆再度拆卸重建。

1992年統一碼頭

1992 年中環租庇利街口的統一碼頭。這座供汽車渡輪泊岸，落成於 1933 年的碼頭於 1995 年被拆卸，以興建中環機鐵站、國際金融中心及四季酒店等建築。右方可見一艘頂層為餐飲夜總會的載車渡輪。

1955年干諾道中

最高的是同年落成的中華總商會大廈，其左鄰的舊樓即將拆卸以興建馮氏大廈、大昌大廈及華商會所等。右方的樓宇則於 1960 年代初改建成恒生銀行（盈置）大廈以及聯邦（永安集團）大廈等。

交易廣場地盤

位於統一碼頭西鄰，是正在興建交易廣場的地盤，1984年。圖左及圖右上方分別可見永隆銀行及永安集團大廈。

即將落成的交易廣場

1985年即將落成的交易廣場，正中為中華總商會大廈及永隆銀行。

第一代萬宜大廈

落成於 1957 年，設有香港第一批扶手電梯的第一代萬宜大廈，攝於 1995 年即將拆卸重建前。

2002年利源東街

部份小販攤檔發生大火時的利源東街，由德輔道中向南望，2002 年。左方的大部份樓宇於稍後拆卸，以興築豐盛創建大廈。

1992年皇后大道中

1992 年皇后大道中由萬邦行向東望。正中為重建中的娛樂行，其左右鄰的亞細亞行及興瑋大廈，稍後亦重建。左方的皇后戲院亦於 2007 年結業改建為商業大廈。

第二代皇后戲院

約 1995 年，皇后大道中與戲院里交界的第二代皇后戲院。戲院於 2007 年結業拆卸，其鄰近的商業大廈如龍子行及萬宜大廈亦陸續拆卸重建。

1997年畢打街

1997 年由皇后大道中華人行望畢打街。正中原名為於仁大廈的太古大廈，於 2002 年改建為遮打大廈。

約1970年第三代郵政總局

落成於 1911 年，位於畢打街與德輔道中交界的第三代郵政總局，約 1970 年。1976 年，郵局被拆卸改建為環球大廈，其背後的鐵行大廈亦於稍後改建為歐陸中心。

1974年郵政總局正門

1974 年，郵政總局位於畢打街的正門。

1963年遮打道

中前方為皇后像廣場以及剛拆平、以待重建的太子行地盤。正中為第二代歷山大廈，其左方為東亞銀行及拆卸中的國民行，右方為第三代怡和大廈。這一帶的所有大廈均於稍後陸續重建為新型建築物。

1964年的中環銀行區

正中為正在重建之太子大廈地盤，右下方為東方行及太古行地盤，將興建富麗華酒店。前中部的香港木球會於 1979 年闢成遮打花園，大會堂西端至統一碼頭間的填海正在進行。

1966年第三代滙豐銀行

1966 年第三代滙豐銀行的聖誕節裝飾。前方為剛改建落成的新皇后像廣場，右方為一年前落成的新太子大廈，而其右邊的第二代渣打銀行大廈亦於 1980 年代末重建。

1994年第四代滙豐銀行

1994 年正在重建中的滙豐銀行第四代新廈。

左方為重建中的滙豐銀行大廈，右方為第二代拱北行及背後的希爾頓酒店，兩者皆於1990年代中拆卸改建為長江集團中心。正中亦可見興建中的中銀大廈。

1989年中環海傍

1989 年的中環海傍，可見興建中的中銀大廈。前方的第二代卜公碼頭於 1990 年代初拆卸以興建中環機鐵站及國際金融中心等建築物。

2002年富麗華酒店

落成於 1973 年，位於遮打道與美利道交界的富麗華酒店，攝於 2002 年。稍後被拆卸，改建為友邦金融中心。

即將拆卸的多層停車場

2017 年位於金鐘道與美利道交界的多層停車場，停車場即將拆卸以興建一商業大廈。

約1970年花園道

約 1970 年由皇后大道中上望花園道。左方及正中可見剛重建落成的美利大廈及纜車總站大廈，後者於 1990 年代中再度重建。右方的停車場現時為長江集團中心。

美利大廈

纜車總站大廈，於九十年代重建

停車場，現為長江集團中心

1961年中環銀行區

圖左上方的於仁（太古）大廈，以及左中部的歷山大廈、渣打及滙豐銀行大廈，以及滙豐背後的太子行及皇后行等，均由當時起至 2000 年代，陸續拆卸重建。

左方為剛重建落成的第四代滙豐總行大廈，正中的渣打銀行及右方的廣東銀行（中國建設銀行（亞洲））的前身大廈即將拆卸重建，後改建為皇后大道中 9 號嘉軒廣場。（圖片由陳創楚先生提供）

1992年皇后大道中

1992 年由花園道西望皇后大道中。左方為落成於 1963 年的第二代拱北行，內設政府新聞處及郵政局等政府機構，1990 年代中被拆卸以併建長江集團中心。

1978年希爾頓酒店

落成於 1962 年位於花園道口的希爾頓酒店，1978 年。一如拱北行，亦於 1990 年代中被拆卸併建長江集團中心。

交通基建

中環

配合機場的重建

1963 年的中環海傍干諾道中

1990 年代初，為配合赤鱲角新機場的道路設施，以及機場鐵路站等的興建，由上環至愛丁堡廣場的中區海傍，有翻天覆地的變化。歷史悠久的統一碼頭、第二代卜公碼頭，海濱公園及其海傍的多座「電船仔」(小汽船) 碼頭被拆卸。

這一帶經過平整後，包括機鐵站、四季酒店、國際金融中心一、二期等新型建築物在此地段上落成，中環面貌一新。

為進行通往東區之繞道所需之填海工程，天星及皇后碼頭亦於 2006 年至 2007 年間被拆卸，當局稍後在新海傍的民光街對開，建成了包括供離島航線以及天星小輪停泊之由一號到十號的多座新碼頭。一間香港海事博物館開設在八號碼頭內。此外，還開闢了包括龍和道及灣仔北角繞道等的若干條新道路。

附近地段曾於 2015 年舉辦了一屆臨時性的荔園遊樂場，引起了一陣懷舊熱潮。隨後，一座摩天輪在荔園一帶地段上矗立，直到現在。

約1994年中區填海工程

約 1994 年為配合新機場、中環機鐵站及國際金融中心等的興建，而在中區進行填海工程。包括卜公、統一等的多座碼頭被拆卸，一同拆卸的，還有位於交易廣場對開的海濱公園。

1963年的中環海傍干諾道中

左方建築中的文華酒店前，正進行愛丁堡廣場以西的填海，畢打街前卜公碼頭及右邊的多座碼頭將被拆卸或掩沒。

1975年新卜公碼頭

約1975年，在新卜公碼頭垂釣的多名市民。

約1970年天星碼頭

約 1970 年愛丁堡廣場前天星碼頭。正中的水星大廈、右方的希爾頓酒店均八、九十年代被拆建，而天星碼頭亦於 2006 年被夷平。

約1985年中環海傍

部份交易廣場仍在興建中，其前方為海濱公園及曲尺型的新卜公碼頭，兩者皆於 1990 年代初被拆卸以建中環機鐵站等建築物。

新卜公碼頭，現為中環機鐵站

中環海濱公園，現為中環機鐵站範圍

興建中的交易廣場

約 1980 年的干諾道中的中環海濱公園及剛落成的行人天橋，這一帶現為機鐵站及國際金融中心一期，右中部可見海事處的瞭望塔。

約1980年中環海濱公園

約1970年中區新填地

右下方為第二代卜公碼頭及郵政總局包裹部，稍後，新郵政總局及康樂（怡和）大廈在此落成。左方的停車地段於 1985 年建成交易廣場。

停車地段，現為交易廣場

郵政總局包裹部，現為新郵政總局及怡和大廈

第二代卜公碼頭

約1981年天星碼頭及皇后像廣場

約 1981 年天星碼頭及皇后像廣場，正中為皇后碼頭及添馬艦海軍基地。這一帶以至灣仔區，稍後將有翻天覆地的變化。

天星碼頭

皇后像廣場

添馬艦海軍基地

皇后碼頭

即將拆卸的天星碼頭

2006 年 11 月 8 日愛丁堡廣場及即將拆卸的天星碼頭。這一帶於稍後填海以開闢龍和道，正中為行將啟用之新天星碼頭及九號碼頭。

1970年皇后碼頭

約 1970 年愛丁堡廣場及皇后碼頭。這座落成於 1954 年的第二代皇后碼頭，於 2006 年初拆卸。

即將拆卸的皇后碼頭

2006 年 11 月即將被拆卸以填海的皇后碼頭，滿佈呼籲保留的標語。

2008 年新天星碼頭

2008 年從大會堂高座望新天星碼頭。舊碼頭已被拆卸正進行填海工程。

1998年民耀街及民祥街交界

1998 年中環民耀街及民祥街交界。巴士左方現時為龍和道的起點，滙豐銀行的左方可見興建中的長江中心。

2001 年夏慤道

金鐘 軍事地段的重建

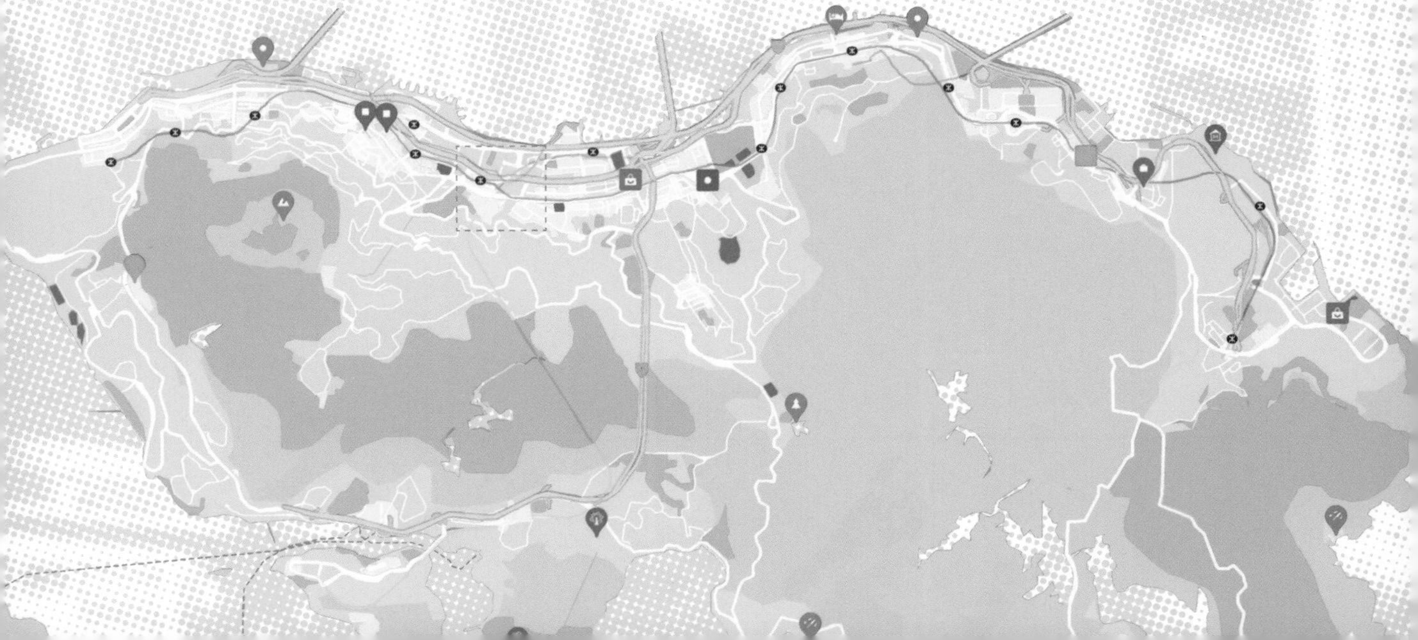

金鐘添馬區，所在原為英海軍船塢及威靈頓軍營。1960 年代初，軍營及海軍船塢被拆卸及重新規劃，開闢一條夏慤道，在其旁興建一添馬艦海軍基地，並於 1979 年建成一新總部的威爾斯親王大廈。

1993 年，海軍基地遷往昂船洲後被填平，而這一帶於 1997 年成為解放軍駐港部隊總部。

填平的空地上曾於 1998 年至 2002 年舉辦數屆工展會。到了 2007 年，在此興建政府總部及立法會綜合大樓，於 2011 年落成。

威靈頓軍營內曾有一座樂禮大樓，其頂端有一金色時鐘，為「金鐘」一名的起源，1968 年由花園道至軍器廠街的一段皇后大道東，亦改名為金鐘道，樂禮大樓所在現為夏慤花園，其旁亦闢有一條樂禮街。

介乎太古廣場與政府合署間的一段金鐘道，為一大急彎，曾發生若干宗，包括 1964 年一電車翻側的致命交通事故。1970 年代當局拆卸及調整兩旁地段的建築物，將這急彎「拉直」，在急彎的另一端建成地鐵站及統一中心大廈。

金鐘道背山的一段曾有美利軍營及域多利軍營，美利軍營的美利樓所在於 1990 年建成中銀大廈，軍營地段則於一年後闢成香港公園。比鄰的域多利軍營則由 1988 年起，建成太古廣場及酒店等樓宇群。

1962年金鐘英軍船塢

1962 年中環銀行區及金鐘添馬區的英軍船塢。右方的希爾頓酒店於 1990 年代中拆卸改建為長江集團中心，正中的添馬區船塢現為政府總部所在。

1972年中環銀行區

康樂（怡和）大廈即將落成，圖中由左至右的於仁（太古）、渣打、滙豐及希爾頓等建築將於 1980 至 2001 年間進行重建。

1986年女皇座駕艦

1986 年英女皇二次訪港期間的添馬區，正停泊女皇的座駕艦，右方為美利道。
（圖片由何其鋭先生提供）

1992年夏慤道

1992 年由會所街望夏慤道的添馬區。正中為落成於 1979 年的威爾斯親王大廈。

2008年中環填海區

正中的天星及皇后碼頭和背後的和記大廈，先後被拆卸。左方的威爾斯親王大廈已被正名為中國人民解放軍駐香港部隊大廈。

2000年添馬區工展會

2000 年由現龍和道望在添馬區舉辦之第三十五屆工展會。正中為和記大廈及即將拆卸的富麗華酒店。

2000年工展會

2000 年由添美道及夏慤道交界望工展會。

2002年工展會

2002 年，添馬區工展會周大福珠寶金行的攤位。

2001年夏慤道

2001 年由金鐘添馬區西望夏慤道。右方為中國人民解放軍駐香港部隊大廈，正中為興建中的國際金融中心二期。

約2008年夏慤道

左方的添馬區正在興建政府總部及立法會等建築物。

興建中的政府總部

添馬區政府總部的建造工程正在進行中，約 2008 年。

政府總部地盤另一角度

從另一角度望政府總部的建築地盤，約 2009 年。

15

交通基建

灣仔

1986 年和昌大押舊樓群

灣仔的地標式建築物，有同於 1933 年落成的六國飯店（酒店）及中國艦隊會所，還有 1954 年落成的新警察總部堅偉樓。這一帶名為「大佛口」區，源於 1910 年代日資「大佛古物行」。

自二戰和平後起，為接待來港渡假的英美海軍，大佛口地區酒吧林立，形成一《蘇絲黃的世界》之風月紅燈區。「醉生夢死」的風情，與同區分域街萬國殯儀館的「生離死別」的哀傷，形成強烈對比。

附近早期被稱為「杉排」之日、月、星街一帶，則於 1990 年代起，蛻變為高尚住宅區以及蘭桂坊消閒地帶的延續。

灣仔的市肺為落成於 1930 年的修頓球場，其旁有包括和昌大押的舊樓，附近為包括雙喜、祿元及冠海等茶樓，以及英京、大成及龍門等酒家，使這一帶人流穿梭不絕。大成酒家的所在，現為三聯書店。

由 1990 年代起，太原街成為著名的玩具街，而比鄰的利東街（喜帖街）亦變身為集飲食、購物消閒於一身的步行街。

1963 年起進行的灣仔區大規模填海於 1970 年完成後，加上往紅磡的海底隧道通車，以及會展中心的落成，灣仔隨即成為足可與中環分庭抗禮的繁盛區域。

位於皇后大道東一座香港戲院，於 1980 年改建為新地標建築合和中心，其東鄰有一條內有數座廟宇之迪龍里，里的兩旁有包括舊三號警署及幾座唐樓，同於 1988 年被夷平，1991 年建成胡忠大廈。值得一提的是位於迪龍里口，皇后大道東 109 號，為一家開業於 1880 年代的林宏隆玻璃廠，一直經營至 1988 年。

位於灣仔道口落成於 1937 年的第二代灣仔街市，於 2012 年改建為住宅樓宇「壹環」，前半部街市外殼則被保留。而新型的冷氣街市則遷回落成於 1858 年第一代街市旳原址。

灣仔的另一景點為橫跨寶靈頓運河，原為鵝頸橋的部份軒尼詩道，由 1960 年代起成為「驚蟄打小人」的熱點。運河於 1960 年代中被蓋平以建海底隧道的繞道，其旁位於告士打道的「英美煙廠」則於 1978 年改建為伊利沙伯大廈。

位於莊士敦道與軒尼詩道，伸延至高士打道間，千多幢落成於 1930 年代初的三合土唐樓，亦陸續被拆卸改建。

同時，包括麗都、東城、金城、東方、國泰、南洋、環球及國民等的多間戲院亦被改建為新大廈。

約1965年原軍事地段

約 1965 年的皇后大道中與皇后大道東（金鐘道）交界的原軍事地段。右下方為花園道口的美利樓（所在於 1990 年建成中銀大廈），正中停車地段後來興建停車場、和記大廈、東昌大廈及美國銀行中心。美利道左邊的香港木球會場地於 1978 年改建為遮打花園。夏慤道天橋對開的軍事地帶現為解放軍部隊大廈及政府總部。

約1963年夏慤道

約 1963 年的夏慤道，當時尚未建行車天橋。左方的添馬艦船塢現為政府總部所在。中後方可見軍器廠街的警察總部。

約1960年灣仔

約 1960 年的灣仔。正中為軍器廠街，右方為警察總部的堅偉樓，其左方的中國艦隊會所及夏慤大樓，同於 1980 年代改建為現時的恒大中心及夏慤大廈。

大佛口地帶交通警指揮亭

約 1965 年，一座位於皇后大道東（右）及軒尼詩道（左），大佛口地帶的交通警指揮亭。背後的先施公司樓宇以及右方最高的寶華大廈皆於後來重建，現時為太古洋行的物業。

約1962年大佛口區

約 1962 年由星街一帶西望大佛口區。左中部的警察宿舍現為警政大樓東翼。其右方的寶華大廈於 2003 年改建為最新一期的太古廣場。右方包括中國艦隊會所等樓宇皆陸續被改建為新大廈。

警察宿舍，現為警政大樓東翼

寶華大廈，現為太古廣場新廈

中國艦隊會所

1981年海員及海軍之家

1981 年，位於莊士敦道與晏頓街交界的海員及海軍之家。這落成於 1929 年又名為「紅磚屋」的建築，約於 1990 年改建為設有酒店及食肆的循道衛理中心。其左鄰的大生商業大廈亦於稍後被拆卸重建為太古廣場的延續。

1979年永豐街及星街

1979 年由皇后大道東上望永豐街及頂端的星街。整條永豐街的樓宇於稍後陸續被拆卸，以改建為包括太古廣場三期等新廈。星街的舊樓亦於 1990 年代改建為附設西式食肆的高尚住宅群。

約1975年聖佛蘭士街

約 1975 年聖佛蘭士街，由皇后大道東向上望。自 1990 年起，這一帶包括永豐街，日、月、星街以及光明街，原稱為「杉排」的區域，變身為「全盤西化」的居住和餐飲區。

1986年和昌大押舊樓群

1986 年位於灣仔莊士敦道與大王東、西街間的和昌大押舊樓群。這組建築於十九世紀末的三層高唐樓於 2007 年變身為設有食肆、舊物雜貨店的西式場所。

面臨重建的和昌大押

2002 年面臨重建的和昌大押建築群。正中的老牌美容院當時仍在營業，而其右鄰的唐樓則於稍後被拆卸重建，改建為住宅嘉薈軒。

約1965年莊士敦道

約 1965 年由大王東街東望莊士敦道。右方「振興」的唐樓現為互信大廈，第二輛電車的右旁為利東街（喜帖街）。青島啤酒的下方為中邦國貨公司，所在現為三聯書店，其對面有「雙喜」及「龍門」茶樓。

2002年利東街

2002 年由皇后大道東望利東街。因兩旁有多間印刷喜帖及文具的店舖，故有「喜帖街」的別名。2005 年，此地着手重建，變身為集新式住宅、餐飲、購物及消閒的新景點。

面臨拆卸的利東街

由莊士敦道南望利東街（喜帖街），2007 年面臨拆卸重建期間，懸有反對清拆的布招。

1992年莊士敦道

1992 年由柯布連道西望莊士敦道。太原街口的雙喜茶樓於六年後改建為住宅大廈。

2005年龍門大酒樓

位於莊士敦道與石水渠街（右）成立於 1958 年的龍門大酒樓，2005 年。這前身為龍鳳茶樓的酒樓，長期為灣仔的地標，惟於 2009 年結業拆卸重建為一新大廈。

第二代灣仔街市

位於灣仔道與皇后大道東交界，落成於 1937 年的第二代灣仔街市，2008 年。第一代灣仔街市落成於 1858 年，位於現時尚翹峰住宅樓宇的位置，而第三代的新街市亦同位於該位置，第二代街市舊址則興建了住宅屋苑「壹環」。

1999年藍屋

1980 年代末為白牆身

1999 年灣仔石水渠街尚為民居的 1920 年代唐樓——藍屋。一如右邊的一座直到 1980 年代末，左方的一列樓宇亦為白色者，綠色閘門的店舖於 1950 年代是一家唐酒酒莊。左方的醫館較早前的名稱是林祖健身學院。建築物於約 1990 全棟改為藍色。

2009年茂羅街

2009 年由莊士敦道望茂羅街的一列唐樓，當時正着手重新規劃。最左的兩間店舖原為著名的有仔記酒家。

2005年京都戲院

2005 年位於交加里與巴路士街交界，一座住宅屋宇樓下的京都戲院。當時戲院已瀕臨結業，在八、九十年代曾為該戲院的黃金歲月。

1999年南洋戲院

1999 年位於摩理臣山道與霎西街交界的南洋戲院。此落成於 1960 年代的國語片影院所在，前身為南洋煙草公司。戲院於稍後被拆卸改建為南洋酒店。

1992年同德大押

位於軒尼詩道與馬師道交界，一家位於 1930 年代初建成的三合土唐樓的同德大押，攝於 1992 年。迄至 1980 年代，樓宇右方的馬師道上曾有一潮州「打冷」大牌檔，其枱椅曾擺設於車流密集的馬路上。這一列樓宇於數年前被拆卸，現時正在興建新廈。

約1965年軒尼詩道

約 1965 年由天樂里東望軒尼詩道。左方為一列落成於 1930 年代三合土唐樓，地舖有多家包括適可、錦香園、泉香、僑民及大三元酒家等食肆。右中部為一列由渣甸東倉所改建的唐樓，所在現為崇光百貨等建築物。

太平洋行車行及德士古油站

約 1955 年由史釗域道西望莊士敦道（左）及軒尼詩道（右）。正中為太平洋行車行以及德士古油站。這組建築物於 1970 年代初改建為新大廈及油站。（圖片由謝炳奎先生提供）

溫黛颶風襲港後的灣仔

1962 年 9 月 1 日，溫黛颶風襲港後的灣仔告士打道與杜老智道交界，右方的杜老智碼頭旁有一翻側輪船。左方的太平洋行車行約於 1970 年改建為海外信託銀行大廈。

1972年初告士打道

1972 年初的灣仔告士打道，正中新杜老誌道前的地盤稍後將建新鴻基中心，中上方可見紅磡海底隧道的入口和繞道。上方維園前為興建中的怡東酒店。

1973年紅隧出入口

1973 年已通車的紅隧出入口，中後方可見落成不久的怡東酒店。堅拿道繞道旁的英美煙草公司及煙廠大樓於 1978 年改建為伊利莎伯大廈。

通車不久的紅磡海底隧道

1972 年剛通車不久的紅磡海底隧道。出入口的左右兩旁即將興建警官俱樂部，正中可見位於屈臣道的屈臣氏大廈，稍後易名為海景大廈。

民生居住

Chapter 4

1986 年利舞台戲院

銅鑼灣、利園山與跑馬地

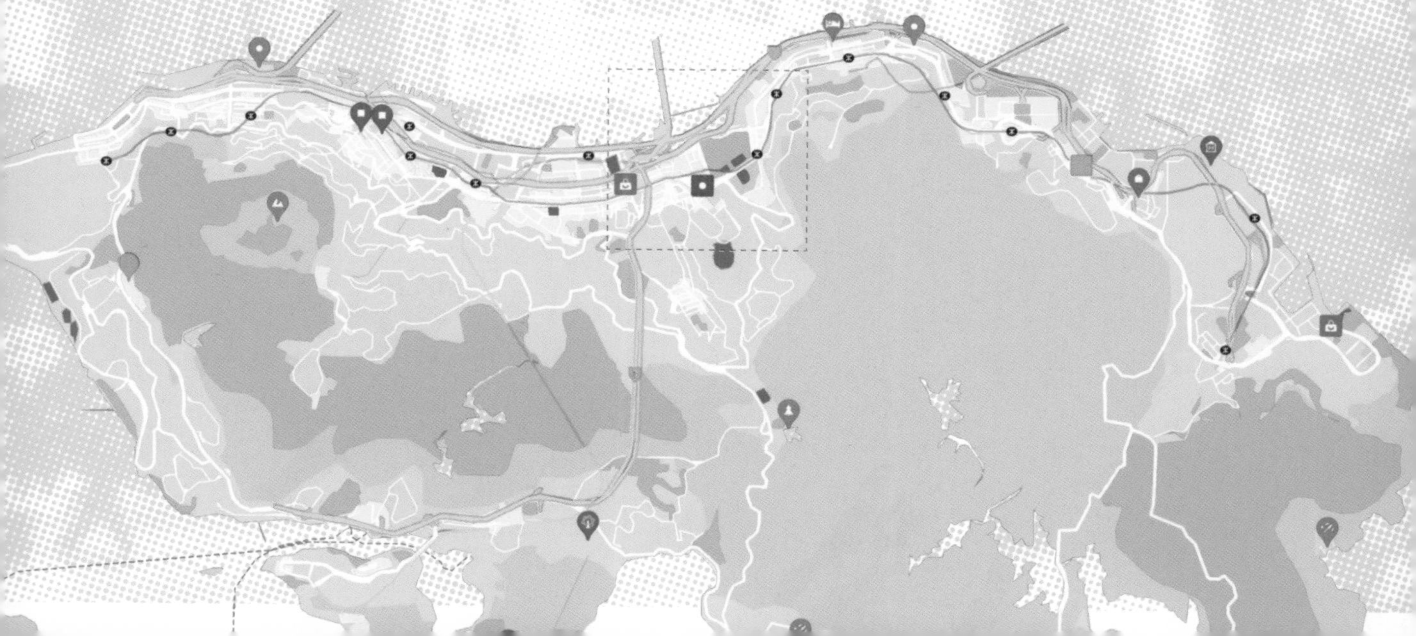

跑馬地為港島高尚住宅區之一，而包括利園山的銅鑼灣則為繁盛的商業和住宅區。羅素街市集旁的電車廠，於 1980 年代拆卸改建為時代廣場，並於 1994 年落成，羅素街亦由市集蛻變為氣派一流的購物大道。

1950 年代初，大部份利園山被夷平，經歷多年的發展，成為集消費、宴飲一身高檔商業區。而禮頓山上的政府宿舍，以及一座位於山腳禮頓道的原一號警署的建築物，亦於二十一世紀初，改建為高級住宅及電訊盈科大樓。

位於波斯富街以東，由軒尼詩道迄至當時尚未闢成及通車之一段告士打道，地域內之多座渣甸（怡和）貨倉，分別於 1952 年及 1956 年改建為軒尼詩道及延長了之駱克道的唐樓群，以及百德新街等一帶的高級住宅大廈。大丸、松坂屋及三越等日資百貨公司由 1960 年起先在區內開設。1952 年興建的唐樓亦於 1980 年代起改建為包括崇光百貨等大廈。

由 1960 年代起，銅鑼灣已取代「小上海」的北角，成為人流雲集的消閒購物點。四周有包括利舞台、紐約、總統、碧麗宮、豪華、京華、樂聲、新都及百樂的多間戲院。

1970 年代，以波斯富街為終點的告士打道，伸延至東角區以及維多利亞公園連接高士威道。在這段新告士打道上，有由貨倉及牛奶公司凍房冰廠改建落成的怡東酒店、世界貿易中心、柏寧酒店及皇室堡等多座新建築物。

不過，四周的戲院卻由 1970 年代開始，陸續結業或被拆卸，改建為新大廈。

約1968年銅鑼灣避風塘

約 1968 年，由堅拿道一帶望銅鑼灣避風塘，維多利亞公園（右中）及其背後的天后區。天后區所在之北角的「角」可見屈臣道的屈臣氏汽水廠，即將改建為屈臣氏大廈（現海景大廈），其背後及左端有煙囪處為落成於 1922 年的香港電燈公司第二代發電廠，於 1980 年代初改建為城市花園住宅群。

約1975年電車廠及羅素街

約 1975 年由波斯富街西望羅素街（正中）及霎東街（左方）的電車廠。1994 年改建為時代廣場後，羅素街亦變身為租金昂貴的購物大道。背後為紅隧幹道的堅拿道天橋。

電車廠，現為時代廣場

滿佈攤販的羅素街，
現為租金昂貴的購物大道

約1968年羅素街

約 1968 年由堅拿道西東望羅素街。右方的電車廠現為時代廣場。

興建中的時代廣場

1992 年從波斯富街望興建中的時代廣場。左方為勿地臣街，右方為羅素街。宏大的時代廣場於 1994 年落成，其地盤的前身為 1904 年啟用的電車廠。

1986年利舞台戲院

位於波斯富街（右）及霎東街（左）交界，落成於 1925 年的利舞台戲院，攝於 1986 年。這美侖美奐的古典戲院，一直享有盛譽，1991 年被拆卸，改建為利舞台廣場。

利園酒店

新寧酒店

1974年希慎道

1974 年由利園山道望希慎道。位於正中的新寧酒店及左方三年前落成的利園酒店，以及附近一帶的多幢建築物皆於稍後陸續被拆卸重建，構成一高檔的商業、飲食和購物地帶。

約1973年利園酒店

落成於 1970 年代初位於希慎道的利園酒店，約攝於 1973 年。1990 年代中被拆卸，於 1997 年建成宏利保險大廈。

1969年嶺英中學

1969 年位於利園山恩平道的嶺英中學，於 1970 年代改建為利園二期商廈。（圖片由麥勵濃先生提供）

1986年祆教善樂施大樓

位於禮頓道與開平道交界，落成於 1930 年代的祆教善樂施大樓，攝於 1986 年。這座於利園山區的建築物於 1990 年代初改建為善樂施大廈。（圖片由陳創楚先生提供）

1986年禮頓道

左方位於與新寧道交界的車行所在，現為力寶禮頓大廈。正中的樓宇現為中國太平大廈，右方為公理堂。（圖片由陳創楚先生提供）

1964年軒尼詩道

1964 年由波斯富街東望軒尼詩道。右方為約 1960 年落成開有中國國貨公司的軒尼詩大廈。左方為落成於 1955 年的紐約戲院，於 1980 年代改建為銅鑼灣廣場。正中為由渣甸東倉於 1952 年起改建的多幢唐樓，地舖有商務印書館。1980 年代起陸續改建為包括崇光百貨等多幢新廈。右中部為拆卸「幫辦樓」以建香港大廈的地盤，背後可見牛奶公司冰廠，於 1975 年改建為恒隆中心及皇室行（1990 年代改名皇室堡）。

紐約戲院，現為銅鑼灣廣場

渣甸東倉改建之唐樓群，現為崇光百貨

牛奶冰廠，現為恒隆中心及皇室行

軒尼詩大廈

滙豐銀行，
現為黃金廣場

利園山地盤，
現為希慎廣場

紐約戲院，
銅鑼灣廣場第一期

渣甸東倉改建之唐樓群，
現為崇光百貨

約1977年軒尼詩道

約 1977 年的銅鑼灣軒尼詩道。最左的一間小屋為滙豐銀行，稍後連同其它樓宇改建為黃金廣場。左方為徹底被夷平的利園山，地盤正在築建興利中心，再於 2006 年拆卸興建希慎廣場。正中為落成於 1955 年的紐約戲院，稍後改建為銅鑼灣廣場第一期。右方的一列由渣甸東倉 1952 年改建為地下有包括商務印書館及金馬車飯店等名店的唐樓，亦於 1980 年代改建為包括崇光百貨等多幢大廈。

2006年興利中心

位於軒尼詩道與利園山道（右），設有三越百貨公司的興利中心，攝於 2006 年，樓上曾有差餉物業估價處。興利中心於同年拆卸，改建為希慎廣場。

大丸百貨公司

位於記利佐治街華登大廈的大丸百貨公司，攝於 1974 年六月。

1998年記利佐治街

1998 年由軒尼詩道崇光百貨前東望記利佐治街。左方為位於華登大廈開業於 1960 年的大丸百貨，正中為位於百德新街恒隆中心，開業於 1975 年的松坂屋百貨，此兩家著名的日資百貨公司，皆於 1998 年結業。

恒隆中心內開有松坂屋百貨

大丸百貨

松坂屋百貨公司

1998 年九月，位於恒隆中心內即將結業的日資松坂屋百貨公司，黃格範圍現時晚上為行人專用區。

約1965年高士威道

天后廟山的木屋區

馬寶山餅乾廠，
現為維景花園大廈

銅鑼灣裁判署大廈，
現為住宅屋苑柏景台

正中位於興發街的馬寶山糖果餅乾公司廠房，稍後改建為維景花園大廈。
正中的銅鑼灣裁判署大廈，於 1980 年代後期改建為住宅屋苑柏景台。其背後仍見天后廟山的木屋區。

約1970年大坑區

半山寮屋區，現為高尚住宅區

約 1970 年由大坑道一帶望大坑區，背後可見蓮花宮山一帶的半山寮屋區。
這一帶連同天后廟山等的寮屋區，逐漸變為高尚住宅區。

約1970年虎豹別墅

正中為即將落成的麗星樓，此樓宇再於 2010 年代改建為住宅大廈「上林」。背後為平整中的馬山區地盤，香港房屋協會稍後在此興建勵德邨廉租屋宇。

約1966年天后及銅鑼灣區

天后的興發街陸續有新廈落成，正中可見位於與陸上相連的吉列島上的遊艇會，左邊維多利亞公園的背後為由渣甸貨倉改建而成之百德新街多幢大廈。

約1955年跑馬地

由黃泥涌道巴士總站望藍塘道，右方的明星的士公司於 1960 年代改建為愉園大廈，左方現為快活、雅詩及翠谷等大廈。

約1964年黃泥涌道

約 1964 年跑馬地黃泥涌道，由藍塘道前東望。正中有樹叢處為聖保祿天主教學校。

東區

約 1988 年東區走廊

東區是指由天后至柴灣的地域。早期的主要幹道為筲箕灣道（部份後來易名為電氣道及英皇道）及香島道（1961 年易名為柴灣道）。直到 1936 年，電車也是在電氣道行駛的。

當年，一座位於天后至水星街間的山崗被夷平，電車才改行現時的道路。山上一座岳王廟則遷至電氣道近蜆殼街的現址。

電氣道上的著名建築，還有 1920 年代初的屈臣氏汽水廠，以及香港電燈公司的發電廠，所在為現時的海景大廈和城市花園住宅樓宇群。

1930 年代，英皇道上最宏大的建築物，是位於糖水道與書局街間的商務印書館廠房。其對面曾有一名園遊樂場，所在為明園西街與新都城大廈一帶。商務的廠房於 1960 年代中被改建為僑冠及僑輝大廈，其樓下分別設有華豐國貨公司及新光戲院。

二戰和平後，北角及七姊妹區經過移山填海，在多幅新土地上建成大量新樓宇，成為一新住宅區，吸引到不少來自內地的外省人在此定居。大量蘇浙食肆、消費用品店的開張，北角旋即成為一「小上海」社區。

1950 年前後，月園遊樂場、璇宮（皇都）及都城戲院在這一帶開幕，其繁華程度一如現時的銅鑼灣。當年，大部份新移民居於英皇道與春秧街間名為「四十間」之地段上的新建唐樓，部份則居於堡壘街及北角台。五十年代後期，不少富人遷往寶馬山一帶，位於天后廟道及雲景道等兩旁，由寮屋區蛻變的新高尚住宅區。

1950 年代，當局興建北角邨、健康邨及模範邨等廉租屋以安置居民，鄰近的鰂魚涌，於 1940 年開有一麗池泳場及夜總會，1960 年代才結業。

麗池以東為太古洋行的糖廠、漆廠及船塢，於 1960 年代中起，逐漸改建為私人商住樓宇。由 1970 年代中起，發展為太古坊的商業樓宇和太古城的商場和住宅等。部份早期為太古機構的地段亦發展為包括康怡及康山花園等住宅屋苑。

西灣河及形似筲箕之海灣而得名之筲箕灣（愛秩序灣），為自給自足式的漁港，居民除漁民外，不少為太古船塢的工人，早期有「餓人灣」的別名。直到和平後，仍有由中環至筲箕灣的渡輪。海傍的康祥街，有往來鯉魚門、茶果嶺及三家村的渡輪碼頭。該一帶現時為鯉景灣花園及愛秩序灣公園等的所在。

為適應蜑民及坊眾的傳統儲蓄習慣，有大量金舖在筲箕灣開張，現時仍有若干間老店在經營。同時，亦有包括長樂、金星及永華等若干間戲院。

當時該區最高的巨廈，為拆卸太古船塢宿舍改建，落成於 1968 年的太安樓，現時，該一帶已為大廈林立的繁盛市集。

筲箕灣有位於香島道（1961 年易名為柴灣道）的慈幼學校，其對面有 1960 年代初起落成的廉租屋邨明華大廈，現時明華大廈亦進行重建。

1952 年，當局在柴灣香島道開闢平安村徙置區，以及位於墳場旁的興華村徙置區，並在墳場辦事處掛上「興華村辦事處」的招牌，即在同一辦事處辦理「陰宅」及「陽宅」的事務，成為特色。

1960 年代，柴灣已建成七層高的徙置大廈，整個柴灣區經歷六十多年的重整和拆建，現時已成為高樓林立的繁盛區。

約1965年虎豹別墅一帶

前方為大坑道旁虎豹別墅及萬金油花園的白塔，花園於二十一世紀初改建為豪宅「名門」。其右方為真光中學。

虎豹別墅及萬金油花園白塔，現為豪宅「名門」

真光中學

1986年養吾堂藥廠

1986 年一間位於天后區英皇道 39 號 B 的養吾堂藥廠。這一列位於靠近清風街（右）的樓宇，即將改建。（圖片由陳創楚先生提供）

1998年北角英皇道

右方為炮台山道，正中的皇都戲院及相連的住宅大廈，即將改建，戲院則予以保留。

1954年北角璇宮戲院

1954 年北角英皇道璇宮戲院，其右鄰為熙和街剛由月園易名之大世界遊樂場入口。兩座小山將被夷平，於 1960 年代初建成五洲大廈（右）及南方大廈（左）。璇宮戲院於 1959 年易名為皇都，電車背後為位於糖水道、英皇道與書局街的宏大之商務印書館，所在現為僑冠及僑輝大廈。

夷平小山後，
現為南方大廈

璇宮戲院，
現為皇都戲院

大世界遊樂場

商務印書館廠房，
現為僑冠及僑輝大廈

夷平小山後，
現為五洲大廈

暴雨肆虐的明園西街

1966 年 6 月 12 日暴雨肆虐的明園西街，由英皇道向上望。位於上端寶馬山滿溢之賽西湖水塘的雨水，流經此街，將泊於街上的大量汽車沖致東歪西倒，疊在一起。左邊的樓宇即將改建，而賽西湖水塘則於 1970 年代中改建為賽西湖公園及大廈。

1981年春秧街

1981 年由北角糖水道西望春秧街，繁囂的市集路上可見人與電車爭路的情景。左方連接英皇道於和平後建有約四十幢唐樓，這一因而被稱為「四十間」，唐樓亦由 1980 年代起陸續被拆卸改建。（圖片由何其銳先生提供）

1998年新光戲院

位於北角英皇道與書局街交界，前身為商務印書館所在的新光戲院，1998 年。此戲院現時為粵劇中心。

約1987年北角東區走廊

右上方是由聯益貨倉及碼頭改建的和富中心，及其背後由發電廠改建的城市花園住宅屋苑。正中為 1957 年起落成的渣華道北角邨廉租屋，所在現為北角匯及凱旋的商住樓宇群。

北角邨廉租屋，
現為北角匯及凱旋商住樓宇

聯益貨倉及碼頭
改建的和富中心

1998年北角邨

1998 年由電照街西望北角邨及巴士總站。

約1963年民新街

約 1963 年由北角英皇道模範邨旁的民新街向東望。左方為現仍存在的麗池花園大廈。其右鄰迄至太古糖廠（現太古坊）一帶的舊樓及廠房，陸續重建。

約1965年太古船塢

約 1965 年由英皇道望太古船塢。這一帶現時為太古城中心入口所在。

太古船塢廠房及油庫

約 1970 年太古船塢的廠房及油庫。

約1971年太古船塢

約 1971 年由現香港電影資料館一帶望太古船塢。可見一座新設的浮塢，浮塢的背後為寫字樓。寫字樓的右方為現時高山台的一列太古城住宅樓宇。正中為四座油庫。

鳥瞰太古船塢

太祥街及太康街宿舍

太古船塢，現為太古城

約 1972 年鳥瞰太古船塢。正中為浮塢及寫字樓，左方為太祥街及太康街的宿舍樓群。落成於 1907 年，位於鰂魚涌角的太古船塢，於 1973 年後停止運作，隨即着手發展為太古城住宅屋苑和商業大廈。

約1988年東區走廊

約 1988 年西灣河及筲箕灣段的東區走廊。走廊左方的愛秩序灣即將填海，以興建愛蝶灣、愛東邨及東旭苑的住宅樓宇。

即將填海之愛秩序灣，現為愛蝶灣、愛東邨及東旭苑的住宅樓宇

東區走廊

約1978年愛秩序灣避風塘

約 1978 年筲箕灣愛秩序灣避風塘。正中為南安里旁的永華戲院，左方為柴灣道旁房屋協會的明華大廈，這一帶的樓宇及廠房即將陸續改建，避風塘亦將填海。

1976年南安街寮屋區

1976 年 2 月 1 日筲箕灣南安街寮屋區大火現場，時為農曆年初二。右方為南安街與南安里交界的永華戲院。圖片正中之愛秩序街地段，所在現為巴士總站。永華戲院稍後改建為永華大廈。

約1970年柴灣

左下方為柴灣道，巴士站一帶所在現為居屋宏德居，其右方為七層徙置大廈的柴灣邨。由當時起的五十年間，柴灣經歷重大變化，成為人口麇集的住宅和工商業區。圖中的寮屋已全被拆平，部份徙置大廈亦被重建。

巴士站現為宏德居居屋

柴灣道

柴灣邨

約1980年柴灣

前中部為貨物裝卸區，左下方為小西灣。
中右方為翠灣邨、翠樂邨及康翠台等的住宅屋苑。
部份屋宇及寮屋亦於稍後被拆卸重建或發展。

民生居住

南區

1978 年珍寶海鮮舫

長久以來，薄扶林、香港仔、鴨脷洲及黃竹坑一帶為休閒、旅遊和居住區。早期的離島鴨脷洲，是漁民作業及休憩補給的小市集。自戰前起，已有海鮮舫在鴨脷洲前的香港仔避風塘營業。

和平後，往香港仔海鮮艇食海鮮為生活寬裕階層市民的時尚。有西片在此取景後，海鮮舫旋即成為旅遊景點。此外，亦有不少人由香港仔乘小輪往鴨脷洲品嚐廉美的海鮮。

寧靜的薄扶林區有顯著變化的是廉租屋邨華富邨於 1968 年落成，隨後是附近由牛奶公司牧場改建的置富花園屋苑，於 1978 年起陸續入伙，同時入伙的還有由位於成都道的黃埔船塢改建而成的香港仔中心住宅大廈群，這三區旋即由寧靜變為人群麇集。現時，華富邨又面臨重建。

1968 年，香港電燈公司的發電廠在鴨脷洲興建。1980 年鴨脷洲大橋通車後，鴨脷洲隨即有顯著的變化。

到了 1982 年，發電廠再遷往南丫島，舊址則改建為住宅屋苑海怡半島。

早期的海鮮舫有漁利泰、太白及海角皇宮，1976 年新增一艘珍寶。1980 年代，海鮮舫遷往深灣，而最宏大的珍寶則於 2022 年在南海沉沒。

1968年華富邨

部份落成的薄扶林華富邨廉租屋，攝於 1968 年。

約 1973 年華富邨華富道的巴士站及商場。

香港電燈公司發電廠

約 1970 年由華富邨一帶望鴨脷洲的香港電燈公司發電廠。發電廠於 1982 年起遷往南丫島後，舊址於 1991 年起改建為住宅屋苑海怡半島。

1978年珍寶海鮮舫

1978 年停泊於香港仔成都道的珍寶海鮮舫。海鮮舫一般停泊在離岸附近，以接駁艇接載客人，只有其中幾年靠於岸邊，照片捕捉珍貴一瞬。右中部的鴨脷洲發電廠於九十年代初改建為海怡半島住宅群。

參考資料

《華字日報》

《星島日報》

《華僑日報》編印《香港年鑑 1947–1993》

鳴謝

許日彤先生

何其鋭先生

陳創楚先生

黃照培先生

麥勵濃先生

謝炳奎先生

香港大學圖書館

舊地標消失，新地標誕生，

港島城區面目一新，日趨繁盛。